Principles and Practices of English Language Teaching

英語教育の基礎知識

教科教育法の理論と実践

小寺茂明・吉田晴世

【編著】

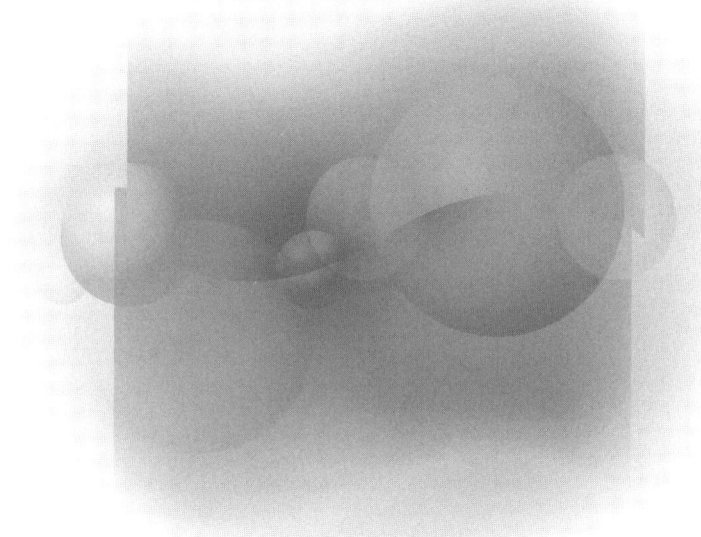

大修館書店

はしがき

　本書は英語科教育法のテキストないしは入門書で，教師にとってどうしても必要な基礎知識をできるだけ盛り込む形で執筆・編集したものである。主な読者対象としては英語教員になろうとする学生を想定しているので，盛り込む内容・レベル・記述方法には十分な配慮をしたつもりである。本書の基本的な編集方針は，次のようにまとめることができる。

(1) 英語科教育法のテキストであることを強く意識して，
(2) できるだけ入門・概説風に記述ないしは解説するようにし，
(3) 基礎的な知識・情報をできるだけ盛り込むようにしつつ，
(4) 読者が分かりにくいと思うような記述，あるいは読者に疑問を抱かせるような記述は極力避けるようにする。

　今もなかなか英語科教育法のよいテキストがないという状況の中で，テキストとして使い勝手のよいものにしたいということを第一に考えた。従来のテキストにはない内容として，たとえばe-learningや学習英文法についてもそれぞれの章を設けたので，斬新なものになっているのではないかと考えている。また，第4章の「発音指導の基本点と留意点」，および第11章の「英語教師の本棚——英語研究・教材研究の文献案内」についても，いずれも類書にはあまり見られない項目の記述であり，ご参考にしていただければ幸いである。
　さらに，第7章の「授業実践」については，教育現場のベテラン教諭が担当し，なるべく現場感覚を出すようにした。また，第10章の「これからの英語教師論」については，誰か1人で執筆することも考えたが，それよりも複数の専門や立場から，持ち味を生かした形でエッセイ風の原稿を持ち寄ることにした。それらを参考にして，読者の方々も自分なりの

教師論をまとめてみてほしい。

　本書では原則として各章末に，より進んだ読者のために，5〜10冊程度の「基本文献」のリストをあげた。さらに卒論や修論での研究テーマにしたい読者のために，2〜8題程度の「研究課題」的なものを設けたので，英語教育学の研究を志す読者にも役に立つものと考えている。

　最後に，本書の出版の希望を思い切って大修館書店に申し出たところ，出版事情の厳しい中，その機会を与えてくださった同書店に，そして本書の作成にあたって，ひとかたならぬお世話になった同編集部の米山順一氏ならびに小林奈苗さんに心からの謝意を表しておきたい。また，執筆者の方々をはじめ，皆様のご協力，お力添えがなければ，本書は誕生しなかったはずであり，編者を支えてくださった各位に衷心より謝意を表する次第である。

平成16年11月

編著者代表　小　寺　茂　明

編著者

小寺茂明（こてらしげあき）　大阪教育大学教授

吉田晴世（よしだはるよ）　大阪教育大学教授

執筆者一覧（50音順）

上田　功（うえだいさお）	大阪外国語大学助教授	第5章
久埜百合（くのゆり）	中部学院大学短期大学客員教授	第9章
小寺茂明（こてらしげあき）	大阪教育大学教授	第4章，第6章，第10章・第2節，第11章
鈴木寿一（すずきじゅいち）	京都教育大学教授	第2章
竹内　理（たけうちおさむ）	関西大学教授	第8章
日野信行（ひののぶゆき）	大阪大学助教授	第1章
山田　学（やまだまなぶ）	大阪教育大学附属池田高等学校教諭	第7章
吉田晴世（よしだはるよ）	大阪教育大学教授	第3章，第10章・第1節

目　次

はしがき　3

第1章　国際英語と日本の英語教育 …………………………… 11

1. 母語話者の枠組を超えた英語
2. 国際英語の理論的基盤
3. 国際英語の教育
4. 「国際英語」教育の実践例
5. むすび

第2章　英語教授法概説 ……………………………………… 35

1. 主な教授法について
2. 「文法訳読法」
3. 「オーラル・メソッド」
4. 「オーラル・アプローチ」
5. 「コミュニカティブ・アプローチ」
6. その他の教授法
7. MERRIER Approach
8. もっと取り入れられるべき教授法
　　―― Total Physical Response（TPR）

第3章　e-learningと4技能 ………………………………… 56

1. 4技能を教えるにあたって
2. e-learningの役割
3. e-learningの効果的活用法
4. まとめ

第 4 章　発音指導の基本点と留意点 …………………… 71

　　　1.　入門期の発音指導の重要性
　　　2.　教師自身の発音はどうあるべきか
　　　3.　指導すべき基本点
　　　4.　発音記号について
　　　5.　アメリカ英語とイギリス英語の違い
　　　6.　むすび

第 5 章　リスニングとその指導法 …………………… 91

　　　1.　リスニングにおける場面と機能の重要性
　　　2.　リスニング活動
　　　3.　語用論とリスニング
　　　4.　「すべてを聞き取らない」リスニング
　　　5.　予測や推測能力を使う「総合的な」リスニング
　　　6.　まとめ

第 6 章　教師のための学習英文法 …………………… 110

　　　1.　学校文法の改善に向けて
　　　2.　教師のための学習英文法とは
　　　3.　文型，文法および語法上の具体的な問題点など
　　　4.　学習英文法の研究方法
　　　5.　むすび

第 7 章　授業実践 …………………… 132

　　　1.　授業案を考える前に
　　　2.　授業の準備と組み立て方
　　　3.　授業の実際

4. むすび

第8章　測定・評価から評定・通知まで ………………………… 154

1. 測定から通知まで――重要性と責任の重さ
2. 測定
3. 評価
4. 評定
5. 通知
6. おわりに

第9章　早期英語教育の現状と課題 ……………………………… 173

1. 早期英語教育の意義
2. 発達段階に応じた早期英語教育
3. 早期英語教育の実践
4. 教育課程における位置づけ

第10章　これからの英語教師論 ………………………………… 190

1. 英語教員に求められる英語能力
2. 英語教師の心得

第11章　英語教師の本棚――英語研究・教材研究の文献案内
　　　　　　　………………………………………………… 204

1. 英語教師の必読書・必備書とは
2. 英語研究法について
3. 英語の文献紹介――英語教師の必読書・必備書
4. むすび

索　引　　　221

英語教育の基礎知識
――教科教育法の理論と実践――

第1章

国際英語と
日本の英語教育

1. 母語話者の枠組を超えた英語

　英語といえば，アメリカ英語やイギリス英語を指すのが従来の常識であった。したがって，英米語を理解することと，英米人にできる限り近い英語を使えるようにすることが，英語教育の目的であると考えられた。実際，英会話学校の宣伝などで，「ネイティブの英語」が売り物になっている現状を見ると，このような認識がまだ幅をきかせていることがわかる。
　しかしながら，近年の英語教育者の間で世界的に注目されている立場に，EIL（English as an International Language）及び WE（World Englishes）という概念がある。両者は重点の置きどころが微妙に異なるが，日本での慣例に従い，本書ではいずれの英語観も「国際英語」と呼ぶことにする。これらの概念は，英語がその母語話者（native speaker）の手を離れて，国際コミュニケーションの手段，あるいは国内共通語として用いられる状況を指している[1]。国際コミュニケーションのための英語は EIL 論の主たる対象であり，米国人と日本人との英語会話のような母語話者・非母語話者間だけでなく，韓国人と日本人が英語で話すときのように非母語話者間のコミュニケーションも含まれる。一方，国内共通語としての英語とは，たとえば旧英領として英語を重要な公用語のひとつとするインドにおいてインド人どうしの意思疎通に英語が使われるような場合を指し，WE 論における主要な関心事とされてきたテーマである。日本の英語教育の視点からはこの前者，すなわち国際コミュニケーションの媒体としての英語が特に重要である。

国際英語は，母語話者の言語的・文化的枠組を超えた存在である。この意義を示すために，まず具体例を挙げてみよう。筆者は，かつてラジオ英語講座の講師をつとめていた時，バングラデシュからの留学生をスタジオに招いて対談したことがある。実は，筆者が "Could you come to the studio〜?" と出演を依頼した時の彼の返事は "Maybe." であった。少し驚いて聞き返すと，今度は "I don't know, but I will try." と言う。我われが通常習ってきたアメリカ英語やイギリス英語ならば，依頼に対してこういう答え方をするのは，何か不都合があって承諾するのをためらっている場合であろう。ところが，このバングラデシュ人の若者にとっては，実際には最大限の快諾の返事であったのである。この謎解きはおわかりであろうか。

バングラデシュの人々の多くはイスラム教徒であり，この青年も敬虔なイスラム教徒であった。そして，イスラム教の世界観では，未来は神アラーの領域であり，人間の力の及ぶところではない。この学生はイスラム教徒の中でも保守派に属しているようだったが，彼に事情を聞いてみると，未来の事柄に関して人間に対する約束を行うことは，アラーへの冒瀆ですらあるとの認識であった。「自分は喜んでラジオに出演させていただきたいと思いますが，実際にスタジオまでたどりつけるかどうかは，神のみが知ることですので，"Maybe." や "I will try." とお答えするしかありません」と説明してくれた。

このバングラデシュ人の英語は，キリスト教文化を背景とするアメリカ英語とは異なり，イスラム文化に基づいていることになる。神に対する信仰を重視しながらも未来を切り開くのは人間の努力によるところが大きいとするのが米国人の伝統的な価値観であり (Mead 1942, 1965[2])，実際，従来の英会話教育では，快く承諾するときの返事は "Sure." や "Certainly." であると教えるのが通例である。しかし，このような英米語の発想は，国際英語の状況においては，必ずしも普遍的に通用するものではない。国際英語は英米的な思考様式の文化的制約を超越して，その使用者自身の思考様式の表現手段として活用される。

非母語話者の英語ユーザーの数が母語話者の数をしのぎ，しかもその差

がますます拡大している現状にかんがみると，今後，日本人が英語による意思疎通を行う相手方としては，このバングラデシュ人のような非英米的な英語の使い手がかなり多くを占めることになるのは間違いない。最近のテレビのニュースで実にしばしばノン・ネイティブの英語を耳にするということを想い起こすだけでも，この事実は実感されるであろう。また，このバングラデシュ人学生のように，母語話者の物真似ではなく自己の価値観を英語で表現するという姿勢は，これからの国際コミュニケーションのためには重要な要素となる。

　今後の日本人に求められるのは，英米語の能力ではなく，むしろ国際英語の能力である。多様な英語を理解するとともに自分自身の考え方を表現できるような英語力が，英語教育の目標となるだろう。

2. 国際英語の理論的基盤

　この「国際英語」はどのようにして成り立つのか，その理論的基盤の要点について解説する。なお，国際英語論は文字通り「国」単位での分析を基本に据えているが，言語のあり方に影響を与える要因はもちろん「国家」や「国民」だけではなく，民族・世代・社会階層・宗教などさまざまなファクターが存在する。この点は国際英語という概念の限界でもあるということはあらかじめ認識しておきたい。

2.1　国際英語の形態

　「国際英語」とは，つまりどのような形をしているのか。これには3通りの解釈がある。

　まず第一の視点は，国際英語を多様な英語の集合体と見る立場である。すなわち，「アメリカ英語」「シンガポール英語」「ナイジェリア英語」「日本英語」「韓国英語」など，国際英語はさまざまな英語変種（varieties of English）から成るとする考え方である。この多様性は，音韻・語彙・文法・語法・談話規則・社会言語的規則・非言語行動など，いろいろな面に及ぶ。

第二の視点は，上記の立場とは反対に，国際英語とは単一の英語であり，中立的な性質を有する存在であるという解釈である。たとえば，國弘 (1970: 263-264) は，今からすでに30年以上も前に，英語の多様化を指摘すると同時に，アメリカ英語でもなくイギリス英語でもない「Mid-Atlantic つまり汎大西洋英語とでもいうべき新しい英語」が生まれつつあると観察したが，この見解は，それから四半世紀後に，ヨーロッパのModiano (1996) によって裏付けられた。

　第三の視点は，国際英語として，人為的な操作を加えた英語を想定する考え方である。これまでに具体的に提案されたものとしては，たとえば，Ogden and Richards の Basic English がある。わずか850語から成る，簡略化された英語である。また，英語の複雑な付加疑問文を単純な "Is that right?" や "Is that so?" などに集約してしまうような Quirk (1981) の Nuclear English の提案も，この第三の範疇に入るだろう。

　国際英語の実態として現実にすでに顕在化し，国際英語研究の主流ともなっているのは第一の解釈，すなわち多様な英語である。本章の冒頭で紹介したバングラデシュ人の英語もこの一例である。一方，第二の中立的な国際英語は今後の重要な研究対象ではあるがその詳細はまだ明らかでなく，また第三の人工的な国際英語については当面は実効性が薄そうである。以下の本稿でも，主として国際英語を多様な存在としてとらえる立場から考えていく。

2.2　英語の土着化

　英語が，英国や米国の文化・価値観の表現手段として発達した言語であることは事実である。この歴史的背景を根拠に，英語は英米の文化や思考様式を表現するのに適した形で出来上がっている反面で，たとえばアジア等の文化や思考様式を伝えるには向かないとする考え方がある[2]。この指摘は確かに当を得ている部分もあり，具体例を考えてみると，"It's not cricket." という表現が「それは公正でない」という意味になるのは，クリケットというスポーツを「公正さ」のイメージに重ね合わせる英国人の感覚から来るもので，日本人などにはあまりなじまない言い方である。で

はつまり，英米の価値観ではなく日本人としての価値観を表現する手段としての国際英語という立場は，本質的に成り立たないのではないか，という疑問が湧くだろう。

　それに対する答えとして，国際英語論では，言語はその使用者の価値観に基づいて変容するという考え方を採る。わかりやすい例では，実はアメリカ英語も，米国の文化に適合する形でイギリス英語が変容を遂げたものである。象徴的な例を挙げれば，"He has two strikes against him."（「彼は2ストライクをとられている」→「彼はとても不利な状況にある」）というアメリカ英語の表現は，英国のクリケットではなく，米国のベースボールの発想をもとに米国で生まれた表現である。つまり，英語という言語にこのような変化がもたらされることにより，もともとのイギリス英語が米国ではアメリカ英語として生まれ変わり，米国の文化を英語で表現することが可能になったわけである。また，さきほど挙げたバングラデシュ人の英語では，「承諾」の発話行為を行う際にイギリス英語やアメリカ英語とは大きく異なる表現を用いていたが，この例も，自らの非英米的な価値観を表すような修正を英語に加えたことを物語っている。

　このようにして，言語がその使用者の文化に適合する形で変容することを，「土着化」（indigenization）と呼ぶ。実は，WE論では，土着化という現象はインドやフィリピンなどのように英米の旧植民地として国内での英語使用の歴史を持つ地域に対してのみ起こると見なす傾向があるが，筆者のようなEIL論の立場からは，それ以外の，たとえば日本や韓国などにも土着化は起こると考える。たとえば語彙について言えば，米国人が単にbrotherやsisterという単語を使う場面で，日本人はolder brotherやyounger sisterなどのように，兄か弟か，姉か妹かを明示するのは，長幼の序を意識する日本的感覚によって土着化した「日本英語」の例であると言えよう。また談話規則については，米国人に比較すると日本人は英語を話すときも「あいづち」を打つ回数が多いが，これも日本の習慣を英語に持ち込んだものである。さらに，日本的な種々の特徴を有する英語発音なども，日本人らしさを表すものとして，広い意味での英語の土着化の一部であると考えてよい。

2.3 国際英語のコミュニケーション

　上記のように，英語の土着化現象によるその多様化を通じて，英米文化に拘束されない表現が可能になるわけである。しかしここで，新たな疑問が生じることだろう。すなわち，自己表現の手段としての英語が多様化するとともに，意思疎通は困難になっていくのではないか，という点である。

　実はこれは言語の社会的側面の根本に関わる理念的な問題であり，国際英語に限らず，身近な日本の方言などの場合でも基本的に同じことである。たとえば，東北方言と関西方言の話者が話し合いを行うとき，それぞれが自分の方言を用いると通じにくくなると考えるならば，双方が東京方言（いわゆる「共通語」）で話すべきだという主張もあるだろう。また現実に，そのような考え方が蔓延しているようである。

　しかしながら，それぞれの方言でなければ表すことのできない要素も多々あるに違いない。関東文化の表現手段としての東京方言での統一を強いた場合，言葉とともに関東的な思考様式をも押し付け，同時に他の地域に特徴的な種々の価値観を圧殺することになる。言葉は自己表現の手段であるので，自分の方言を奪われるとき，その人は表現すべき自己それ自体を失ってしまうと言っても過言ではないだろう。ただし，もちろん各方言の話者の側も，東北出身者どうしや関西出身者だけで話すときの言葉をそのまま一方的に用いて済ませるのではなく，お互いの様子を見ながら適宜歩み寄りを行い，相互理解を確保するよう努力することも必要となろう。

　この例で，東京方言をアメリカ英語に置き換え，東北方言や関西方言をケニア英語やフィリピン英語や日本英語などに置き換えてみるとよい。国際英語論の場合は「方言」よりも「変種」（variety）という用語が使われるが，いずれにしても，方言や変種を捨てることは，見かけだけのコミュニケーションにとどまる結果を生み，本当に伝えたいことは表現できていないことになる。

　本章の冒頭で挙げた例で言えば，日本人の筆者との会話の中で，バングラデシュ人の若者は，英米語に迎合することなく，イスラム的価値観に基づく表現を用いた。もし彼がアメリカ英語で "Sure." と答えたならば，

話の進行はもっと早かったかもしれないが，イスラム教徒としての彼の重要な世界観が筆者に伝わることはなかっただろう。その場合彼は，自己表現を果たせなかったことになる。しかし，この独特の表現に接したとき，筆者は聞き返すことによってその意図の明確化（clarification）を求め，彼は説明を加えてくれた。談話理論の概念を引くならば，意味交渉（negotiation of meaning）の一方法を実践することにより，相互理解が達成されたわけである。英語による国際コミュニケーションは英米語で統一すべきか，それとも国際英語を認めるのか，という問題は，表面的な偽りの効率性を追求するのか，それとも深いレベルでの真の意思疎通を求めるのか，という選択に帰結すると言える。

　自己表現の必要性を満たしながら同時に意思疎通を確保するという国際英語の要請をかなえるための提案としては，さらに，Jenkins（2000, 2003）の唱える「コア」（core）の概念がある。Jenkinsが論じているのは特に発音についてであるが，つまり，国際英語によるコミュニケーションにおける相互理解に必要な「核」となる共通部分は確実に守るとともに，それ以外の部分は各自の個性に委ねればよいという考え方である。Jenkins（2000: 136-156）によれば，たとえば語頭の無声破裂音における気音（petの[pʰ]など）はコアの一部であり，一方，音の脱落や連結などの音変化はコアには含まれないと言う。このようなコアの存在は国際英語研究の黎明期からささやかれてはきたが，音韻に限ってとはいえ，その具体的内容をある程度包括的に提示したのはJenkinsが初めてであり，注目に値する。しかし付言するならば，音韻についてコアを想定するのは比較的容易であるが，他の側面，たとえば談話規則や社会言語的規則などのコアを明らかにするのは非常に困難であり，この方法でどこまで進めることができるかは未知数である。

3．国際英語の教育

　以上，「国際英語」という考え方の概略について述べた。では，この「国際英語」の概念に基づく英語教育のあり方について，特に，本書の読

者の多くが受けてこられた従来の「英米語」の教育と対照させながら考えてみよう。

3.1 カリキュラム

　まず，広い意味での「カリキュラム」に関わる問題として，「国際英語」教育のいくつかの基本的な側面について論じる。

　国際英語教育と英米語教育との違いを最も端的に物語るのは，教育の対象となる学習者は誰かという点である。国際英語の「学習者」には非母語話者だけでなく，母語話者も含まれる。また，TOEFLのようなアメリカ英語のテストで高得点を収めたとしても，国際英語の能力は別次元の性質のものであるから，国際英語を学習する必要性は依然としてある。たとえば，大学における筆者の英語授業では，米国人留学生であっても，またTOEFLで高得点を獲得したフィリピン人留学生であっても，原則として受講は免除しない方針である。「日本英語」をはじめとする国際英語話者とのインタラクションを通じて，国際英語によるコミュニケーションの方法を実地に学んでもらう必要があると考えるからである。

　次に，国際英語の立場では，英語教育は何才から始めるのがよいのか。導入が進む小学校英語教育や，あるいは幼児英語教育は，国際英語の視点からは歓迎すべきことなのだろうか。実はこの答えは複雑である。

　まず，早期英語教育の最大の利点とされるのは，周知の通り，母語話者のような発音が身につくということであるが，国際英語の理念によれば，「母語話者のような発音」それ自体には価値を認めない。これまでの国際英語の研究によれば，母語話者・非母語話者を含む国際英語のインタラクションでは母語話者の発音が最も理解度（intelligibility）が高いとは言えず，非母語話者らしい発音でも国際コミュニケーションでの通用度の高い発音は存在する（e.g. Smith and Rafiqzad, 1979）。早期英語教育を推進する最大の根拠が，国際英語論ではあまり意味のないものと見なされるのである。しかし一方，早期英語教育のひとつの利点とされる「異文化理解の促進」は，異文化コミュニケーションを目的とする国際英語教育の立場からも大いに支持すべきところであり，これは逆に小学校英語教育や幼

児英語教育を推進する根拠となりうる。

　さらに，国際英語を特徴づける側面として，基本的に重要なのは，モデルの問題である。日本人の英語学習者は，どのような英語を模範とすればよいのだろうか。実は，国際英語の理念を支持する教育者の中にも，モデルはあくまでも英米語とする考え方は根強い。つまり，従来のイギリス英語やアメリカ英語をモデルとして，英米語にできる限り近い英語を習得する努力を重ねた上で，結果として残る日本的な英語を肯定的に評価するのが国際英語のあり方だという立場である。英米の旧植民地時代からの英語使用の歴史を通じて英米語と異なる独自の変種が発展を遂げてきた「インド英語」や「フィリピン英語」などと比較すると，「日本英語」はモデルとして提示するには現状ではその具体的特徴が明らかでなく，モデルとして主張できるだけの認知度も低いという事実も背景にある。

　しかしながら，日本人にとっての国際英語を，単に英米語の模倣に失敗した結果と見なすようなこの姿勢は，おそらく消極的に過ぎるのではないだろうか。さきほどのバングラデシュ人の英語における英米語と異なる独特の未来表現も，決して英米語の習得に失敗した結果として生まれたのではなく，英語を自らの道具として使いこなすという積極的かつ創造的な営みを経て形成されたものである。日本人の英語についても，「日本英語」を国民的変種として定義するかどうかは別として，少なくとも，英米語モデルにこだわるのは，自己表現の手段としての英語の可能性を著しく狭めることになると思われる。

　たとえば発音のモデルに関して，どのような部分は母語話者と同じ発音を目指し，どういう要素については日本的な発音を想定するか，という視点から考えるならば，現段階では前述のJenkinsの提案がひとつの参考になるであろう。今後の検討課題である。

　では，文部科学省による中学校・高等学校の学習指導要領は，英語学習のモデルに対してどのような態度を示しているであろうか。たとえば現行の高等学校英語学習指導要領（平成15年度から本格実施）の「オーラル・コミュニケーションⅠ」の「言語材料」の項には次のような記述があり，国際英語の要素を明確に含んでいる。

言語材料は，原則として現代の標準的な英語によること，ただし，様々な英語が国際的に広くコミュニケーションの手段として使われている実態にも配慮すること。

　それ以前の学習指導要領の同じ箇所にはこの後段がなく，単に「言語材料は，現代の標準的な英語によるものとする」としており，10年ほどの間に国際英語の理念が教育行政にも影響を及ぼしたことを物語っている。では，この現行の学習指導要領の記述は，具体的にはどのように理解すればよいだろうか。文部科学省による公的な解釈を示す出版物としての『高等学校学習指導要領解説』（文部省，1999b: 27-28）におけるこの項に関する説明から抜粋する。

　生徒には，様々な英語があり，それらが国際的に広くコミュニケーションの手段として使われていることに気付かせることによって，それら様々な種類の英語に対して偏見をもつことのないように指導することが大切である。ただし，このことは，多様な英語を生徒の学習のモデルとして提示することを求めているものではない。

　つまり，「受容」の対象と「産出」のためのモデルを区別していることがわかる。たとえば，インド英語やフィリピン英語などを生徒に聴かせて国際英語の多様性を認識させるというような活動は肯定され，従来の伝統的な英語教育のあり方に比すると画期的なことではあるが，一方，スピーキングのモデル（模範）は結局これまで通りのイギリス英語やアメリカ英語に落ち着くのか，それとも「国際的に通用する日本英語」を模範とするというような立場も認められうるのか，それは明らかではないことになる。
　中学校の学習指導要領を解説した「中学校指導書」（文部省，1999a: 33）も，「現在，英語は世界中で広く使用され，その使われ方も様々であり，発音や用法など多様性に富んだ言語である」と述べて国際英語の現実に関する的確な認識を示しているが，このような英語観を産出モデルにま

で波及させるところまでは踏み込んでいない。なお，学習指導要領における国際英語の考え方については，次の3.2でさらに論じる。

3.2 教材

国際英語の教材については，内容的にどのような文化を表現している教材か，またどのような言語ルールに基づいた英語で表されている教材か，という2つの側面から考察する必要がある。さらに，受容技能（リスニング及びリーディング）と産出技能（スピーキング及びライティング）を区別して分析することも重要である。そして，内容が英米文化に限定されず，またアメリカ英語やイギリス英語の規則に拘束されないのが国際英語教材の原則である。以下で，さらに説明してみたい。

まず国際英語の教材の内容については，リスニング教材・リーディング教材では，できるだけ多様な文化を扱うことが理想である。しかし，学習者のニーズに従って，特定の文化に重点を置くことも可能である。たとえば，東南アジアに赴任するビジネスマンに対する英語教育では，東南アジアの文化に比重を割くのが効率的であろう。また，スピーキング教材・ライティング教材は，自己の文化を表現することに主眼を置くべきである。

次に国際英語教材における言語のルール，すなわち音声・文法・語法・語彙・談話規則・社会言語的規則・非言語行動等についてであるが，リスニング教材・リーディング教材では多様なルールを体現するさまざまな英語変種を素材とすることが理想である。ただし，やはり学習者のニーズに従って，（たとえばシンガポール英語やフィリピン英語など）特定の変種に重点を置くことも可能である。また，スピーキング教材・ライティング教材は，自己の価値観を伝達できるような英語を目標とすべきである。

では，学習指導要領における教材観は，国際英語の視点からはどのように分析できるであろうか。まず，教材の内容について，学習指導要領から関連する2箇所を引用してみよう。中学校・高等学校の両方に共通する規定として，教材は「英語を使用している人々を中心とする世界の人々及び日本人の日常生活，風俗習慣，物語，地理，歴史などに関するもののうちから」取り上げること，また教材の選択にあたって「世界や我が国の生活

や文化について理解を深める」ことに留意することとしている。すなわち今日の学習指導要領は，英米に限らず，広く世界の文化，及び我々自身の日本文化に題材を求めることを定めており，教材の文化的内容に関してはまさしく国際英語の立場を採っていることになる。

　現在の検定教科書は，この学習指導要領の理念を体現し，英米にこだわらない世界の文化を扱うとともに，日本の文化に重きを置いている（cf. Hino, 1988）。現行の中学校教科書から具体例を引いてみよう。

Ryo: Was Hong Kong always a big city like today?
Jing: No, it wasn't. It was a very small village once. But now, it is famous for business and sightseeing.
Ryo: Which places are good for sightseeing?
Jing: Well, let's see.... I like Victoria Peak. The night view from there is beautiful.

(*Total English 2*, p.16)

　日本人男子中学生のRyoは（日本人女子中学生のAyaとともに）この教科書の主人公である。つまり，学習者としての生徒自身の立場と同じ設定になっており，自己表現のための国際英語の視点に沿うものである。また，Jingは香港からの留学生であるので，上記の会話は非母語英語話者の間の会話になっており，これは国際英語の典型的な状況である。また会話の内容が英米文化ではなく，非母語英語地域である香港の事情を描いている点でも，国際英語の色彩が強いと言える。

　この教科書では，日本の中学校を舞台として，香港からの転入生に加えてケニア人の中学生の来訪などが描かれ，その交流を通じてお互いの文化について学ぶという内容にかなりの重点が置かれている。また，英国や米国への旅行の話も出てくるが，インドやペルーへの旅行も描かれている。

　今日の教科書の文化的内容が国際英語の性格を有するという事実は，英語がすなわち英米語であると見なされていた時代の英語教科書と比較してみるとわかりやすい。60年代を代表する文部省検定中学校教科書から，

典型的な場面を引用する。

    Uncle: It's half past two now. Where shall we go next?
    Roy: I want to see the British Museum.
    Uncle: All right. I often go there to read.
    Roy: Is it a library?
    Uncle: Yes, it is. It's a museum, too. You'll find a great many books there. Many people go there to study the fine arts, too. It's the biggest museum in the world. I have a friend there.

                                                （*New Prince Readers 2*, p.42)

　この教科書の主人公である米国人少年 Roy が，英国に住む叔父を訪ね，大英博物館などロンドンを案内してもらうという場面である。日本人生徒が使用する教科書の主人公を日本人ではなく米国人としている設定自体がまず，「英米語」教材としての性質を物語っている。英米の価値観を吸収することに重点を置いていた当時の英語教育の視点の反映である。またロンドンの風物を背景にしたのも，英語は英米文化の環境で用いるのが自然であるとする伝統的な考え方のあらわれであろう。さらに，会話が英米人の間で行なわれていることにも着目したい。あらゆる意味において，まさにアングロ・アメリカンの世界で展開されている話であり，今日の英語教科書と対照的である。

　一方，文化的内容においては「脱英米」を果たしている現在の日本の文部科学省検定教科書も，言語規則においては，国際英語の要素を必ずしも多く含んでいるわけではない。前述の例で言えば，香港やケニアについて書かれた箇所があることは，その部分が香港英語やケニア英語で書かれていることを意味するわけではないことに注意しよう。同様に，「日本について英語で書かれたテキスト」は，「『日本英語』で書かれたテキスト」とは別物である。中学・高校の学習指導要領も，英語教科書が日本文化について扱うことの重要性は明確に打ち出しているが，一方，日本的な発想や

価値観の表現に適した「日本英語」の可能性にまでは踏みこんでいない。

3.3 教授法

国際英語の教授法の特質について考える上で，ここでは Anthony (1965) の古典的な枠組を利用して，個々の教授法が依拠する抽象的な理念であるアプローチ（approach）と，より具体的な形であらわれるメソッド（method）やテクニック（technique）とを区別することにする[3]。

まず，根本的な言語教育観を意味する「アプローチ」においては，英米語教授法が母語話者の英語を基準とするのに対し，国際英語教授法では母語話者の英語も相対化される，という点において，英米語教授法と国際英語教授法の間には明確な差異が存在する。さらに，国際英語の理念を土着の価値観を重視する考え方と広義に解釈するならば，従来の英語教授法のアプローチの基本となってきた「言語の本質は音声である」という欧米的な言語観なども，国際英語教授法では再考の余地があるのではないか。たとえば，漢字文化のゆえに文字に傾倒する日本人の言語観（cf. 鈴木，1987）とはつまり，「言語とは音声であると同様に文字でもある」というとらえ方である。この考え方を，日本における国際英語教授法のアプローチの一部を形成するものと見なすことは妥当であろう。また，このような言語観は，アプローチの具現化としてのメソッド（指導の体系）やテクニック（教授活動）にも当然ながら影響を及ぼすものである。

もっとも，今日，いわゆる Communicative Approach の立場を採るという点においては，英米語教授法も国際英語教授法も変わりない。実のところ，成立の経緯を見ると，70年代頃からの Communicative Approach の勃興と国際英語の提唱は，時期的にも思想的にも同じ流れに属していた。いわばコミュニケーションの手段として言語を学ぶという考え方を，英米語教育よりもさらに徹底した立場が国際英語教育であったと位置づけることができる。

国際英語教授法におけるメソッドやテクニックについては，学習者自身の価値観を重視する国際英語の理念にかんがみると，やはり当該の地域の

社会的・文化的要因に適合した方法ということが眼目となろう。たとえば，EIL の立場に立つ McKay（2003: 143-144）は，チリの英語教育の現状を分析し，欧米式の英語教育でよく用いられるグループワークは，チリの教育風土にはあまり向いていないことを指摘している。これは日本にも当てはまる可能性があるかもしれない。

　日本について言えば，日本人の外国語学習の伝統である「訳読」や「音読」などの方法は，欧米的な尺度では時代遅れとして，特に外国人の英語教育者からはしばしば切り捨てられる傾向にあるが，これらは日本の漢字文化を背景とした学習法・教授法であり，日本の言語文化に適合している面もある。もちろん「訳読」にも「音読」にも限界はあるが，日本人に合った方法として，国際英語教授法においては，手段としての一定の役割を果たしうるものと位置づけるのは決して的外れではないだろう（Hino, 1992）。欧米モデルの教育理論をそのまま日本に押し付けるのは，国際英語の理念に反することである。

3.4　評価

　評価にもさまざまな側面があるが，ここではテスティングを中心に論じる。国際英語のテストの原則は，教材のそれと基本的に同じである。

　まず，国際英語テストの文化的脈絡は英米に限定されない。受容技能（リスニング及びリーディング）のテストにおいては，多様な文化を視野に入れることが望ましい。ただし，テストの目的に合わせて，特定の文化に重点を置くこともできる。また産出技能（スピーキング及びライティング）のテストにおいては，自己文化の表現に重点が置かれるべきである。

　また，国際英語テストにおける言語ルールも，英米に限定されない。受容技能のテストにおいては，多様な規範を体現するさまざまな英語変種に配慮すべきであるが，現実にはテストの目的に従って特定の変種に焦点を合わせる場合も多くなるだろう。また，産出技能のテストにおいては，学習者自身の価値観を伝達できるような英語を基準とすべきである。

　たとえば，談話規則[4]に関わる点として，ライティングのテストについて考えてみよう。現在の英米語教育におけるライティングでは「起承転

結」等の日本式ではなく英米式の文章構成法を生徒が身につけるよう指導することが定着しつつある。すなわち,「冒頭でまず主旨（しばしば結論それ自体）を述べ,次にその論点を具体的に説明し,最後に締めくくる」という方法である。しかし実はこれは単なる文の並べ方の問題ではなく,思考様式にも深く関係する問題である。結論を中心に展開する英米式の文章作法は,「結論」や「結果」を重視する考え方のあらわれであり,また結論を末尾近くまで保留する日本式の文章作法は,結論や結果よりも「過程」を大切にするという価値観を反映している。英語使用者に英米式の思考様式を押し付けることを戒め,元来の自己の価値観を表現することを推奨する国際英語の立場からは,日本的な文章構成法を英語にもちこむことを否定すべきでない。国際英語におけるライティングのテストでの採点にあたっても,この点に十分に留意すべきである。

　スピーキングのテストにおける発音の評価についても考えてみよう。母語話者をモデルとする従来の英米語教育では,母語話者の発音に近いほど評価は高くなるが,国際英語教育では基準が異なる。たとえば,母語話者のように音の連結や脱落等の音変化を頻繁に起こす発音に対し,音を明瞭に区切る非母語話者的な発音よりも高い得点を与えるのは,国際英語教育のスピーキング・テストにおいては必ずしも妥当ではない。国際英語のコミュニケーションにおいては,音変化は相手の聴解の助けとはならず (Jenkins, 2000),したがって産出技能としては習得の必要のない項目だからである。

　代表的な標準テストについて,国際英語の視点から少し見てみよう。まずTOEFLについては,言語のルールはアメリカ英語に則っており,また内容も米国文化を基盤としている。すなわちTOEFLは国際英語ではなくアメリカ英語の試験であるが,TOEFLの元来の目的は米国への留学希望者の英語力を測るところにあるのだから,もっぱらアメリカ英語を扱うのは当然のことである。

　一方,国際英語の試験を標榜しているTOEICについては,Lowenberg (1993) が,その語法・文法の問題について,アメリカ英語の規範に依存していて国際英語の多様性を反映していないという趣旨の指摘を行

っている。しかし一方，現在のTOEICの公式ウェブページ等で表明されているTOEIC主催者の見解からは，前述の言葉でいうならば，国際英語のコア部分を素材としようとする姿勢をうかがうこともできる。

学校教育との関連が特に深い実用英語技能検定（英検）について，国際英語の観点から注目に値するのは，1級2次試験（面接試験）の面接官2名のうち，1名が母語話者，もう1名が日本人となっていることである。つまり，5割の割合で日本人の英語感覚が反映されるわけで，この意味では日本人が日本的な（しかし国際的に通用するような）英語を使うことを肯定的にとらえる国際英語の立場に合致する。ただし，日本人の試験官が日本的な英語を積極的に認めるとは限らず，むしろ母語話者の試験官のほうが日本人らしい英語に好意的な評価を示す可能性もあることを，いちおう付け加えておく。

3.5 教員

教員の養成や任用のあり方は，英米語教育と国際英語教育の相違が顕著に浮き彫りになる側面のひとつである。

英米語教育においては，コミュニケーションのための英語教育の教員としては母語話者のほうが非母語話者よりも望ましいとする考え方が通念となっている。たとえば，講師の全員が「ネイティブ」であることを売り物にする英会話学校の宣伝等に，この感覚は如実にあらわれている。しかし自己表現を目的とする国際英語教育では，非母語話者が母語話者に比べて教員として劣っているとは考えない。端的に言うならば，「日本英語」の範を生徒に示すのに適しているのは，明らかに母語話者よりも日本人教員である。また，母語話者の地位が相対化される国際英語教育では，たとえばアジアやアフリカ出身の非母語話者も，英語教育に必要な技能と見識を身につけているならば，英国人や米国人の英語教員に比べて任用において不利益に扱うべきではない。

国際英語の思想は，今日，中学校・高校の外国語指導助手（ALT）の任用にも影響を与えるに至っている。かつては，英語のALTの出身国も，米国・英国・オーストラリア・ニュージーランド・カナダ・アイルラ

ンドに限定されていたが，1997年度を契機に日本政府も非英米系の英語話者に門戸を開いた。2003年度には，南アフリカ51名，ジャマイカ39名，シンガポール12名などをはじめとする非英米系のALTが在籍し（http://www.jetprogramme.org/j/outline/data/2003page1.xls），6000名を超える英語ALT全体からみるとまだまだ少数ではあるが，国際英語の理念が徐々に反映されつつあることがわかる。

　次に，大学における中学・高校の英語教員養成カリキュラムについて考えてみよう。現在，教員免許状取得のための課程として文部科学省によって定められている内容は，「英語科教育法」の他には，「英語学」「英米文学」「英語コミュニケーション」「異文化理解」が中心である。かつてのカリキュラムには無かった「異文化理解」が入っているのは，国際英語の立場にいくらか近くなっているが，ここでの課題は，「異文化」を英米文化だけに限定せずに広い観点からとらえることであろう。同様に国際英語の立場からは，「英語コミュニケーション」の授業では母語話者のみならず非母語話者とのコミュニケーションをも視野に入れること，また「英米文学」ではインドやナイジェリアなどのいわゆるポストコロニアル文学への言及も期待したい。

4. 「国際英語」教育の実践例

　最後に，筆者自身による「国際英語」教育の実践例を少し挙げておこう。前でも若干触れたが，筆者は自分が講師をつとめていたラジオ講座『百万人の英語』（文化放送系全国ネット）において，1989年8月から1990年3月まで，「非」母語英語話者を毎週招き，「日本英語」の話者である筆者との国際英語対談シリーズを実施した。具体的には，マレーシア・香港・スリランカ・バングラデシュ・フィリピン・フランスからのゲストに出演してもらった。NHK・民放を含めてそれまではほとんど英米語のみが扱われていたラジオ・テレビの英語教育番組に国際英語の要素を導入するとともに，全国の英語学習者に国際英語の世界の存在を知ってもらうことが目的であった（日野, 1989-1990）。

次に，大学における筆者の授業では，「国際英語の実践共同体への正統的周辺参加」というコンセプトを設定している。「実践共同体への正統的周辺参加」(Legitimate Peripheral Participation in a Community of Practice) というのは近年の社会構築主義に基づく学びの理論の中核を成す概念であるが，ここでは，国際英語を実際に使う場に参加することにより国際英語を学ぶ，という趣旨である。

この授業では，現実の社会における英語使用者の日常的な活動から，英語ニュースを視聴・読解し，その内容について英語で話し合うというタスクを取り上げ，それをクラス内で実際に行っている。具体的には，CALL（Computer-Assisted Language Learning）教室において，ニュースメディアのウェブページを通してリアルタイムで英語ニュースを読み，その内容について英語で話し合うというものである。その導入部分においては，授業当日の早朝に衛星テレビ放送から録画したニュースを視聴する（ただし放送番組の著作権の問題があると考えられるので限定的に使用）。筆者は午前5時に起床してこの授業の準備をする必要があるが，それにより，現実のタスクとしての授業当日のニュースを用いた授業が可能となる。世界中の英語使用者が実際にその日に行っている活動に学生たちも参加することによって実地に英語を学ぶ，という考え方である。

国際英語を意図した授業であるから，CNNのような米国のメディアだけでなく，たとえばシンガポールのTVニュースであるChannel NewsAsia，韓国の英字紙Korea Heraldやカタールの Aljazeera 英語版のウェブページ，また日本の英字新聞なども含めて，さまざまなニュースメディアを参照する。同じ事件でも，異なった立場のメディアを通してみると，きわめて違った像が描かれることを体験してもらうことができる。CNNを用いて英語を学ぶことは日本の熱心な英語学習者の間では定着しているが，CNNのようなきわめてアメリカ的な価値観に基づくメディアだけに触れて事足れりとしたのでは，国際英語の立場からは不十分である。多様な立場のメディアを，うのみにせずに常に批判的に読み解きながら比較し，主体的な姿勢で自らの見解を形成していくというのは，いわゆる「メディアリテラシー教育」(media literacy education) の立場であ

るが，このような方法は，「グローバル教育」(global education) とともに，国際英語教育の理念と軌を一にするものと位置づけ，筆者の授業の中心に据えている。

5. むすび

　それぞれ固有の言語的・文化的特徴を有する多様な英語を理解できる力を身につけること，また英米の思考様式に拘束されずに自己の価値観を英語で表現できること，今後の英語教育はこれらの要件を念頭に置く必要がある。このような「国際英語」教育の立場に対しては，少なくとも2通りの反論がなされることがあるが，最後にそれについて若干論じてこの章を締めくくることにする。

　まず，国際英語教育というのは要するに下手な英語でも許容するという考え方であって英語教育の基準を下げようとする負け犬の思想ではないか，という趣旨の批判が従来からしばしばなされる。しかし，これは誤解である。英米語から国際英語への移行は，基準を変更することであって，基準を低下させることではない。また，国際英語は消極的な敗北主義ではまったくない。むしろ，英語を通じて多様な文化を理解するとともに，英米文化の束縛から自らを解き放しつつ英語を自己表現の手段として使いこなそうとするもので，きわめて積極的な言語態度のあらわれである。

　また逆に，英米語の習得だけでも大変なのに国際英語などとは，生徒の負担を過大にするだけではないか，という批判がなされることもある。しかし，やはりこれも誤解である。国際英語の考え方を導入することによって学習項目が増加するかどうかはカリキュラム編成上の問題であって，国際英語の本質とは別問題である。たとえば現に，先にも少し見たように，日本の中学校英語教科書の文化的内容は英米語教育から国際英語教育へと明確に移行してきたが，それによって生徒の学習上の負担が増えたわけではない。

　我われの生徒たちが生きていくのは国際英語の時代である。インターネットという今日的な存在はこれを象徴している。インターネット上では母

語英語話者も非母語英語話者も入り乱れ，英米語の規範を超えた世界で，各自が自由な自己表現と意思疎通を行っているのである。

　また実のところ，自己表現と意思疎通の手段としての言語が母語話者の枠組を脱していくのは，歴史の必然でもある。たとえば，今から2千年近く前，のちに新約聖書として編纂されるに至る種々の書き物が，母語話者と非母語話者の両方を含む人々によってギリシャ語で著された。このとき，ギリシャ語は必ずしもギリシャ文化の表現手段として用いられたわけではない。ギリシャ文化を背負っていた度合いは新約聖書の著者個々によりさまざまであり，また内容的にも，聖書はむしろ非ギリシャ的な中東世界の価値観を基盤とする部分が多い。そして，新約聖書がギリシャ語の母語話者・非母語話者の両方の読者に宛てて書かれたものであることはもちろんである。すなわち，新約聖書は「国際ギリシャ語」で著された書物である。コミュニケーションを希求する人々のエネルギーは，その媒介となる言語を，母語話者の狭い言語的・文化的枠組から解き放つのである。

注

1) 厳密には，EIL は「国際語として用いられる状況における英語」を指すのに対し，WEは「世界語としての英語」を意味する（Hino, 2001）。なお，EIL 論の祖は米国人の Larry Smith に，WE 論の祖はインド人の Braj Kachru に帰せられるが，國弘正雄や鈴木孝夫をはじめとして，日本にも従前から独自の国際英語思想が存在する。
2) 専門的には，「サピア・ウォーフの仮説」や「言語相対論」などの概念を用いて論じられることの多い問題である。
3) 教授法の枠組としては，Richards & Rodgers（1986）の approach/design/procedure が用いられることもある。
4) 談話（discourse）とは単語や文よりも大きなまとまりを指し，学術的な用法においては，音声言語だけでなく，文字言語に関しても用いられる。

参考文献

Anthony, Edward M.（1965）"Approach, Method, and Technique." In Allen,

Harold B. (ed.) *Teaching English as a Second Language*, New York: McGraw-Hill, pp.93-97.

学校図書 (2002) *Total English 2*.

日野信行 (1989-1990) "Let's Read and Think,"『百万人の英語』[1989 年 7 月号－1990 年 3 月号]

Hino, Nobuyuki (1988) "Nationalism and English as an International Language: The History of English Textbooks in Japan," *World Englishes*, Vol.7, No.3, pp.309-314.

─────────── (1992) "The Yakudoku Tradition of Foreign Language Literacy in Japan." In Dubin, Fraida and Natalie A. Kuhlman (eds.) *Cross-Cultural Literacy: Global Perspectives on Reading and Writing*. (Englewood Cliffs, NJ: Regents/Prentice Hall), pp.99-111.

─────────── (2001) "Organizing EIL Studies: Toward a Paradigm," *Asian Englishes*, Vol.4, No.1, pp.34-65.

Jenkins, Jennifer (2000) *The Phonology of English as an International Language*. Oxford: Oxford University Press.

─────────── (2003) *World Englishes*. London: Routledge.

開隆堂 (1968) *New Prince Readers 2*.

國弘正雄 (1970)『英語の話しかた』, サイマル出版会

Lowenberg, Peter H. (1993) "Issues of Validity in Tests of English as a World Language: Whose Standards?" *World Englishes*, Vol.12, No.1, pp.95-106.

McKay, Sandra (2003) "Teaching English as an International Language: The Chilean Context," *ELT Journal*, Vol.57, No.2, pp.139-148.

Mead, Margaret (1942, 1965²) *And Keep Your Powder Dry*. New York: William Morrow and Company. [國弘正雄・日野信行（訳）(1986)『火薬をしめらせるな：文化人類学者のアメリカ論』, 南雲堂]

Modiano, Marko (1996) "The Americanization of Euro-English," *World Englishes*, Vol.15, No.2, pp.207-215.

文部省 (1999a)『中学校学習指導要領解説：外国語編』, 東京書籍 [学習指導要領は平成 10 年 12 月告示]

─────── (1999b)『高等学校学習指導要領解説：外国語編・英語編』, 開隆堂

Quirk, Randolph (1981) "International Communication and the Concept of Nuclear English." In Smith (ed.) (1981), pp.151-165.

Richards, Jack C. and Theodore S. Rodgers (1986, 2001²) *Approaches and Methods in Language Teaching*. Cambridge: Cambrdige University Press.

Smith, Larry E. (ed.) (1981) *English for Cross-Cultural Communication*. London: Macmillan.

───────── (ed.) (1983) *Readings in English as an International Language*. Oxford: Pergamon Press.

Smith, Larry E. and Khalilullah Rafiqzad (1979) "English for Cross-Cultural Communication: The Question of Intelligibility," *TESOL Quarterly*, Vol. 13, No.3, pp.371-380. [Also in Smith (ed.) (1983), pp.49-58.]

鈴木孝夫 (1987) 鼎談「日本語と漢字」における発言。[橋本萬太郎・鈴木孝夫・山田尚勇『漢字民族の決断』（大修館書店），pp.1-296 に所収]

より進んだ読者のために

日野信行 (2003)「『国際英語』研究の体系化に向けて：日本の英語教育の視点から」，『アジア英語研究』（日本「アジア英語」学会編），第5号，pp.5-43.

本名信行（編）(2002)『事典　アジアの最新英語事情』，大修館書店

─────(2003)『世界の英語を歩く』，集英社

Kachru, Braj B. (ed.) (1982) *The Other Tongue*. Oxford: Pergamon Press.

Kachru, Braj B. (1986) *The Alchemy of English: The Spread, Functions and Models of Non-native Englishes*. Oxford: Pergamon Press.

木村茂雄（編）(2004)『ポストコロニアル文学の現在』，晃洋書房

鈴木孝夫 (1985)『武器としてのことば』，新潮社

Smith, Larry E. and Michael L. Forman (eds.) (1997) *World Englishes 2000*. Honolulu: University of Hawaii Press.

研究課題

(1) コーパス分析の手法を用いて，日本人の英語の特徴について考えてみよう。

(2) 非母語英語話者間のインタラクションにはどのような談話規則や社会言語

的規則が見られるか。それについて分析してみよう。
(3) 国際英語の観点からの授業分析を行なってみよう。
(4) 発音のコアに関するジェンキンズ提案（Jenkins, 2000）について，理解度の実験を行なって，その検証をしてみよう。

（日野信行）

第2章

英語教授法概説

1. 主な教授法について

　世界中で用いられている外国語教授法はたくさんあるが，日本の中学や高校での優れた実践では，ひとつの教授法だけが使われていることはまれで，様々な教授法の長所を取り入れた「折衷的教授法」(eclectic method) が用いられていることが多い。そこで，本章では，日本の英語教育に影響を与え，その考え方や指導技術が現在も教育現場で用いられている教授法と，今後もっと用いられるべき教授法を取り上げ，その特徴，長短所，授業への適用について，中学や高校での筆者の指導経験をふまえて述べることにする。具体的には，伝統的教授法である文法訳読式教授法と，それでは不可能なコミュニケーション能力の育成を目指して考案された教授法として，オーラル・メソッド，オーラル・アプローチ，コミュニカティブ・アプローチ，MERRIER Approach，TPR などを取り上げる。

2. 「文法訳読法」(Grammar-Translation Method)

　この教授法は中世ヨーロッパのラテン語教育法を応用したもので，日本の高校の英語授業では，現在でも多くの教員によって用いられている。

2.1 特徴

　文法規則や語形変化が教えられ，脈絡のない例文による練習問題によっ

てその練習が行われる。リーディングでは，生徒に1文ずつ母語に訳させ，教師が文構造を説明して訳を言う。生徒は自分が書いた訳文を修正したり，教師の言う訳を書き取る。作文は，学習した文法規則を用いて書けるように作られた母語で書かれた短文を外国語に訳すことによって行われる。

2.2 長所
(1) 生徒の知的レベルに合った高度な内容を扱うことができ，教養を高めることができる。
(2) クラスサイズが大きくても，ある程度の効果が期待できる。
(3) 母語と外国語の相違点が明らかになる。
(4) 教える側に英語運用能力がなくても，文構造がわかり，日本語に訳すことができれば，特別な能力や才能，訓練，授業準備を要しない。

　ただし，(1)は，英文の内容についても十分に掘り下げる教師なら長所となるが，英文が文法や訳読の練習材料に過ぎないような授業をする教師の手にかかると教養を高めることもない無味乾燥な授業になる。

2.3 短所
(1) 授業のほとんどが母語で行われるため，外国語の運用能力を伸ばすことができない。
(2) 訳すことが目的になりがちで，1文単位の理解にとどまり，文章全体の内容理解に至らないことが多い。
(3) 読んで理解したことに対する感想や考え，意見などを求められることが少ないため，外国語によるコミュニケーション能力の育成が不十分である。
(4) 教師が生徒に知識や訳を伝える形になりやすく，教師中心の一方的な授業になりがちである。

2.4　中学・高校の授業への適用――文法訳読教授法を改良するには
　訳すことが中心のこの教授法とコミュニケーション能力の育成について

どのように考えればよいだろうか。

　まず，訳すことが目的になってはならないが，生徒にとって未習熟の構文が含まれている文や，日本語と英語の発想の違い等が原因で理解困難な文で，やさしい英語による「言い換え」(paraphrasing) だけではよく理解できない場合は，日本語に訳してきちんと理解させることは否定されるべきことではない。大切なことは，日本語で理解した後は必ず英語に戻って，多様な方法で徹底的に「書き取り」(dictation) や「音読」(reading aloud) をさせて，英文の構造の定着を図り，日本語に訳さなくても理解できるようにすることである。つまり，日本語訳の使用はあくまでも英文理解のための補助であるべきであり，それ自体が目的なのではない。

　ただ，全文を日本語に訳させるのは行き過ぎであるし，全文を訳さないとわからない教材は難し過ぎる。生徒の英語力を伸ばすには生徒の学力に合った教材選択が必須である（斎藤・鈴木，2000: 27-29）。

　また，文章全体の概要や要点が理解できていない段階で訳させるのは良くない。外国語の文章を訳すには，文章全体の内容を理解していなければ正確な翻訳はできない（翻訳者は本や文章の全体の理解を済ませてから翻訳し始める）。短所(2)を克服するには，必要な場合は，英文の全体の概要や要点の理解後に訳させるとよい。

　そのほかに，「フレーズ・リーディング」(phrase reading) の手法を用いて，「意味単位」(sense unit) ごとに斜線（スラッシュ）を入れた英文を，その意味単位ごとに訳させて理解させる方法もある。慣れてくれば，意味単位ごとにポーズを入れた朗読を聴かせながら，黙読させて内容を理解する指導を行うとリスニング力はもちろん，理解を伴ったリーディング・スピードも向上する（Suzuki, 1999）。

　文法訳読式教授法を改良してコミュニケーション能力を育成するための基礎力をつける方法はほかにもある。実践例は，大修館書店発行の月刊『英語教育』にもよく掲載されるので，教員志望者には購読を勧めたい。

3. 「オーラル・メソッド」(the Oral Method)

　1922年に文部省によって日本に招かれ，英語教育研究所（現在の語学教育研究所）の初代所長となった Harold E. Palmer によって考案された教授法である。現在でも語学教育研究所を中心に改良が重ねられている。

3.1 特徴
(1) 言語学習を習慣形成と考え，幼児の言語習得順序に従って，リスニング・スピーキング・リーディング・ライティングの順に教える。
(2) リスニングとスピーキングを主要技能，リーディングとライティングを副次的技能と考え，口頭練習を重視する。
(3) 母語の使用は最小限にとどめるが，教師が理解に必要と判断した場合は，母語を用いてよい。
(4) 入門期の6週間は教科書を用いずに，教科書に出てくる語彙や文を動作や実物や絵を用いて繰り返し聞かせ，まねさせる。
(5) 教科書を使い始めてからの指導過程例
　① 前時の復習
　② 新教材の「オーラル・イントロダクション」(oral introduction)
　各課の未習の語彙や構文の説明には，既習の平易な語彙や構文を用いて本文の内容を英語で説明する。分量的には，本文の3倍以上になる。短い笑い話の中の1文を用いてオーラル・イントロダクションの一例を示す。

　　A man called on the Duke of Wellington and showed him a jacket which he had invented for soldiers, and which, he said, was bullet-proof. の下線部は次のように平易に噛み砕いて説明される。

The inventor said that his jacket was bullet-proof. He said that it was proof against bullets. What does that mean? It means that bullets could not pass through it. The jacket would stop bullets. If a soldier was wearing this jacket, he could not be killed. He could not be wounded. The jacket would stop the bullets.——語学教育研究所（編）(1962: 129)
③　オーラル・イントロダクションで説明した本文の内容についての英問英答を行う。
④　本文のリーディング
⑤　難しい箇所の説明
⑥　重要事項の練習

3.2　長所
(1)　音声を重視するため，リスニングやスピーキングの力が伸びる。
(2)　母語を介さずに聞いたり読んだりしたことを理解する力が伸びる。
(3)　授業中に英語を用いるため，教師の英語運用能力が伸びる。

3.3　短所
(1)　口頭練習が中心であるため，リーディングやライティングの指導が不足がちになり，これらの能力を伸ばせない可能性がある。
(2)　教師の質問に対して生徒が答えるという形式が多用されるため，生徒はつねに「答える人」となり，自ら問いを発することも少ない。つまり，教師中心の授業になりがちで，生徒の創造性を伸ばすことが難しい。
(3)　オーラル・イントロダクションの間，生徒は聴くだけで，受け身的になりがちである。（この点についての対策は 3.4 を参照。）
(4)　オーラル・イントロダクションの原稿作成ほか，準備段階での教師の負担が大きい。
(5)　教師に高度な英語力が必要となる。

3.4 中学・高校の授業への適用

　教師の負担が大きいと言われるオーラル・イントロダクションだが，たとえ毎時間でなくても，各課1回ずつでも継続して行いたい。そうすることによって，生徒のリスニング力が伸びるだけでなく，教師の英語運用能力も伸び，教材の英文を平易なものに書き換えたり，書き加えたりする作業を通じて，教師の指導力のアップにつながる。また，難しい教材を生徒のレベルに合った教材に書き直す力や，教材そのものを書き下ろす力が徐々についてくるので，教材作成能力もついてくる。

　次に，聞くだけで受け身的になりがちなオーラル・イントロダクションの欠点を克服するために，生徒を積極的に授業に参加させる「オーラル・インタラクション」(oral interaction) が考案されている。英語による教材本文の説明だけでなく，発問して，先を予測させたり，英語で答えさせるなどして（完全な文による答えは要求せず，たとえば，What did the girl buy? というQに対してA book. のように答えさせる），能動的に聴かせたり，生徒にも参加させながら進めていくものである。まとまった内容のリスニングの練習機会を与える意味でも取り入れたいものである。

　また，英問英答では，学習した教材の内容を教科書を見ずに答える練習をさせることは，学習した言語材料を使って話す最初のステップとして有効である。

4. 「オーラル・アプローチ」(the Oral Approach)

　アメリカの「構造言語学」(structural linguistics) と「行動主義心理学」(behaviorism) の理論を応用して考案された教授法で，1940年代から1960年代にかけて実践された。日本では1956年に日本英語教育研究委員会（現在のELEC）が設立されてその普及活動が始まり，その指導技術のひとつである「文型練習」(pattern practice) は中学校レベルではかなり用いられた。海外ではAudio-Lingual Methodと呼ばれることが多い。

4.1 特徴

(1) 最初の約1ヶ月間は文字は用いず，もっぱら口頭で授業が行われる。
(2) 外国語を話せるようになることが最終目標とされ，1時間目からスピーキングに重点を置いた授業が行われる。
(3) 入門期から初級段階では，生徒の負担を軽くするため，厳密に制限された少数の語彙を用いた発音と文型の習得に重点が置かれる。
(4) オーラル・イントロダクションは，文型の導入を中心に行われる。
(5) 1回にひとつの教授目標を定め，(6)に挙げるような口頭練習を通して習熟を図ろうとする。
(6) 指導過程と指導技術
ここでは be going to ～の指導例のアウトラインを示す。

1) 「理解」(recognition) → 「模倣」(imitation) → 「反復」(repetition)
絵や図を用いて具体的な場面を明らかにし，既習の文と対比しながら英文を提示して理解させる。そのあとは，Listen & Repeat の手法を用いた「模倣記憶練習」(mimicry and memorization practice, 略称 mim-mem practice) を行う。模倣ができたら一人で反復させて覚えさせるまでの段階をいう。

T: （男の子が泳いでいる絵を見せながら）What is the boy doing, S_1?
S_1: He is swimming.
T: （これから泳ごうとしてプールサイドに立っている絵を見せて）Is the boy swimming, S_2?
S_2: No, he isn't.
T: That's right. He is not swimming. He is going to swim. He is going to swim. （理解）Now repeat after me. He is going to swim.
S_s: （コーラスで）He is going to swim. （模倣）

T: He is going to swim. Repeat again.
S$_s$: (コーラスで) He is going to swim.
T: Say the sentence three times.
S$_s$: He is going to swim. He is going to swim. He is going to swim. (反復)
（以下，何かをし始める前の絵と，それをしているところを表した絵を用いて，同様に場面の中で英文を提示し，生徒にまねて言わせる。）

2) 「変換」(variation)
　理解，模倣，反復した文の一部を置き換えて新しい文を作る段階で，文型練習が用いられる。文型練習には，代入，転換，拡張などがある。
　The boy is going to swim. を板書し，日本語で説明する。それから生徒たちに教師のあとについて数回言わせた後，次のような練習を行う。

A．「代入練習」(substitution drill)
　文を構成する語句を次々と入れ替えて新しい文を作らせる。
T: The boy is going to swim. Repeat.
S$_s$: The boy is going to swim.
T: Tom
S$_s$: Tom is going to swim.
T: Mary
S$_s$: Mary is going to swim.
T: play the piano
S$_s$: Mary is going to play the piano.

B．「転換練習」(conversion drill)
　疑問，否定，時制ほか様々な文法的な言い換えを指示して行う。
T: The boy is going to swim. Question.
S$_s$: Is the boy going to swim?

C．「拡張練習」(expansion drill)

元の文に修飾語句を加えて文を拡張していく。

T: The boy is going to swim. in the river

S_s: The boy is going to swim in the river.

T: this afternoon

S_s: The boy is going to swim in the river this afternoon.

3) 「選択」(selection)

既習の語句や文型を特定の状況や場面で用いる段階。指導技術としては，学習した教材の内容についての英語によるQ&Aを行ったり，生徒間で対話させたりする。

4.2　長所

(1) 生徒の発話量が多い。（同時にこのことは欠点にもなる。→ 4.3）
(2) 特定の場面や状況で使われる定型表現を定着させるのに効果がある。
(3) オーラル・イントロダクションは，文型の導入が中心であるため，オーラル・メソッドの場合より容易に行える。
(4) 入門期から初級段階では，制限された語彙で練習が行われるので，生徒の負担は軽くなる。（このことも欠点になる。→ 4.3）

4.3　短所

(1) 発話中心の指導法であるため，モデルの後についてまねる練習や文型練習の際，文が長くなるとうまくいかず，生徒に挫折感を与える。
(2) 最初から発話を要求するので，じっくり聴いて理解することに専念できず，結果として，リスニング力もスピーキング力もともに伸びない傾向がある。
(3) 言語構造を重視し過ぎて，言語が使われる場面や状況，意味内容が軽視されることが多い（例：文型練習で She is my brother. のような文を発話させても，教師も生徒も気づかないということがある）。
(4) 制限された語彙で口頭練習を行うため，その範囲内でしか表現できず，生徒が自分の考えや自分のことを表現できないことが多い。

4.4 中学・高校の授業への適用

オーラル・アプローチは1960年代に急速に力を失ったが，4.1で挙げた指導技術はどれも，現在の日本の中学や高校の授業に十分に適用できる。

オーラル・アプローチの指導技術の中で，今後も日本の英語授業で活用すべき指導技術のひとつは文型練習（パタン・プラクティス）である。英語と文構造が大きく異なる日本語を母語とする日本人にとって，文型練習は語順の習得に効果が期待できる指導技術である。たしかに言語のみによるキューで生徒の反応を引き出そうとすると，4.3の(3)のような問題が出てくるが，絵や図表などを用いることで解決可能である。

また，4.3の(2)を克服するには，文型練習による口頭練習の前にこの手法を用いてリスニングをさせるとよい。例えばI like～.という表現を教える場合，食べ物をテーマにして，I like～. I don't like～.のように対立する文に，教師がいろいろな食べ物を表す語句を代入して聞かせ，好きな食べ物と嫌いな食べ物を分類させる。それから，教師のモデルの後について言わせ，絵を用いた代入練習を行ったあと，自分の好きな食べ物と嫌いな食べ物を和英辞典等で調べさせて，ペアで紹介させるなどすれば，言語の形式と意味にも十分に注意を払った指導や学習が可能になる。また，4.3の(4)で指摘された語彙学習に関する短所も解消される。

5．「コミュニカティブ・アプローチ」（Communicative Approach）

Communicative Language Teaching（CLT）とも呼ばれる。4技能を伸ばすだけではなく，ある状況下で適切な表現を用いてコミュニケーションができる力を伸ばすことを目的として，教師・生徒間だけでなく，生徒間のインタラクションが，インフォメーション・ギャップなどの手法を利用した情報伝達活動を通して行われるさまざまな教授法の総称である。

5.1 特徴

(1) 言語が用いられる場面や状況を明確にして、実際のコミュニケーションに近い言語活動が行われるように授業が構成される。生徒は学習している言語を積極的に聴いたり、話したり、読んだり、書いたりして、理解や発表の機会を多く持つことができる。

(2) 使用される教材は、authenticity の高いものが用いられる。

(3) 「ペア活動」(pair work) や「グループ活動」(group work)、「役割練習」(role play)、「情報格差活動」(information gap activity)、「問題解決活動」(problem-solving activity) などにより、目的が明確な活動が行われる。

(4) 教える内容を定める「シラバス」(syllabus) は、「文法・構造シラバス」(grammatical-structural syllabus) ではなく、「言語の概念・機能シラバス」(notional-functional syllabus) である。(機能の例として、助言、許可、禁止、依頼など。概念の例として、時間、位置、量など。)

(5) 学習項目は、教材中及び授業中に、日をおいて何度も繰り返し「スパイラル」(spiral) に提示・学習される。

(6) 「正確さ」(accuracy) よりも「流暢さ」(fluency) を重視し、文法的エラーがあっても、コミュニケーションが成立することを重視する。

(7) 生徒が犯す誤りは、生徒が目標言語について立てた仮説を試しながら、自ら検証、修正していることによるもので、学習が進んでいる証拠だと肯定的に考える。

5.2 長所

(1) 学習したことを用いてコミュニケーションができるという満足感を生徒に与えることができる。

(2) 正確さを強調しすぎることがなく、意思の伝達に重点を置くので、生徒のコミュニケーションをしようとする意欲をそいでしまうことがない。

(3) 場面・状況に応じた表現能力が身につく。
(4) 生徒が協力し合って行われる共同作業が多いため，生徒間に良い人間関係が生まれやすい。

5.3 短所
(1) 概念や機能を中心としたシラバスの教材の作成・配列が難しい。
(2) 学習効果の適切な測定・評価が困難である。たとえば，スピーキング力を評価するには，実際に話させることが必要であるが，どのようなテストをするかが問題となる。また，クラスあたりの生徒数が多く，1人の教師がたくさんのクラスを担当するという事情がある日本では，個別対応などに相当な時間が必要となるため，適切な測定評価が難しい。
(3) 使える語彙も構文も少ない入門期や初級段階の生徒に発話を求めると負担が大きい。また，言いたいことが言えないという経験が繰り返されると学習意欲をなくしたり，ペアワーク等で日本語を使う生徒が多くなる。
(4) 学習が進んでも正確さが身に付かないことが多い。

5.4 中学・高校の授業への適用
　中学校ではかなり用いられているこの教授法は，高校でももっと用いられるべきである。ただ，コミュニケーション活動がいかに大切であっても，それだけでは不十分である。やはり，「意味だけでなく言語形式にも注意を払う指導」(form-focused instruction) が必要であり，たとえば Processing Instruction (VanPatten, 1996) など，その有効性が実証されつつある。
　中学生や高校生を指導した筆者の経験によれば，音声や文字，文法など，日本語と大きく異なる英語を外国語として指導あるいは学習している状況では，コミュニケーション活動と form-focused instruction に加えて，学習した教材の音読練習を多様な方法で徹底的に課し，英語表現形式を内在化させる指導が必要である。音読指導は ESL の研究者の間では軽

視される傾向があるが，シャドウイングなどを含む多様な音読練習（指導）は，総合的な英語力の向上に効果があるので，もっと重視されるべきであろう。

6. その他の教授法

以下，日本でその一部が取り入れられている教授法を紹介する。

6.1 「ナチュラル・アプローチ」(the Natural Approach)

自然環境での移民の第二言語習得過程を，教室内第二言語指導に応用して成果を上げた Tracy D. Terrell の実践を Stephen D. Krashen が理論的に裏付けたもの。学習者の今のレベルより少し上の未習言語材料を含むインプットを耳と目から大量に注ぎ込めば，自然に話し書けるようになるという。また，学習者の誤りを直接的には訂正しないなど，不安を取り除き，「情意フィルター」(affective filter) を低くする配慮がなされている (Krashen & Terrell, 1983)。この教授法をベースに他の教授法の長所も取り入れ，日本の実情に合うよう修正を加えたのが7.のMER-RIER Approach である。

6.2 「内容中心教授法」(Content-based Approach)

学習者が関心を持つテーマとそれに関わる素材が教材として選ばれ，教材内容の理解にとどまらず，理解したことを要約したり，自分の考えを述べるなどの活動を通して，当該外国語を学んでいく教授法。本章5.で取り上げたコミュニカティブ・アプローチと組み合わせて用いられることが多い。斎藤・鈴木（2000: 38-49）にその実践例が掲載されている。

6.3 「タスク中心教授法」(Task-based Approach)

例えば，「買ったものが欠陥商品なので返品する」というタスクを課して，そのタスクに取り組む際に，学習者間のインタラクションの中で英語をインプットしたりアウトプットしたりする過程を通して当該外国語を学

んでいく教授法である。内容中心教授法同様，コミュニカティブ・アプローチと組み合わせて用いられることが多い。外国語として英語を学ぶ日本人学習者には文法指導が不可欠だが，髙島（2000）には，タスクに取り組ませながら文法を指導していく具体例が豊富に挙げられていて参考になる。

7. MERRIER Approach

日本の英語学習者や英語教育事情を十分に考慮に入れながら，これまで提案されてきた多数の教授法の長所を取り入れて，第二言語習得理論と教育現場での実践に基づき，1980年代に当時，信州大学教授であった渡辺時夫（現・清泉女子大学教授）と長野県の中学や高校の先生方を中心に日本人英語学習者のために実践され，改良されてきた教授法である。各種教授法の長所を組み合わせた折衷法と言える。

7.1 MERRIER Approach とは

渡辺（2003: 11）によれば，MERRIER とは略語で，生徒にとって理解可能な英語を教師が授業中に話すための7つの視点のイニシャルを取ったものであるという。以下に，渡辺（2003: 11-17）に基づいて MERRIER Approach について略述する。詳細については，渡辺（2003）を参照。

(1) **M**ERRIER —— **M**iming/**M**odels

身振りや表情をたっぷり使いながら話す。また，実物や視聴覚教材などを用いながら話す。

(2) M**E**RRIER —— **E**xamples

1)「抽象のはしご」を上下する。

抽象度の高いものを具体的な例を挙げて理解を深める。たとえば，Whales are a very large animal. を提示したら，Some are as large as a train car. のようにみんながよく知っているものを加えて説明する。

    2) わかりやすいエピソードを加える。
    3) 比較対照する。
(3) MERRIER —— **R**edundancy
　　新出表現が出てきたり，既出ではあるが生徒がまだ十分に身につけていない表現が出てきたら，生徒たちがよく知っている別の表現で言い換えたり，同じ内容のことを異なった視点から言い換えたり（例えば，受動態の文を能動態で言い換えるなど）する。
(4) MERRIER —— **R**epetition
　　大切な内容は意図的に繰り返す。
(5) MERRIER —— **I**nteraction
　　生徒とのインタラクションを行う際には，最初は完全な文での発話を強制せず，聴くことだけに専念させ，次に，身体で反応させる。たとえば，リスニングやリーディングのあとの理解度チェックのためにTrue or False Quiz を行なう場合は，ワークシートの解答欄に T あるいは F と答えを書かせたり，教科書を用いて，答えが True なら表表紙，False なら裏表紙，「どちらとも言えない」場合は背表紙を教師の方に向けさせる。その次の段階では短い語句で答えさせ，それに慣れたら，長い答えを要求する。
(6) MERRIER —— **E**xpansion
　　生徒の不完全な発話をそれとなく修正して，正しい文を復唱させる。
(7) MERRIE**R** —— **R**eward
　　生徒の反応の質に関係なく肯定的な評価をする。

7.2　MERRIER Approach の長短所

　この教授法は，日本の教育事情（例えば入試など）と日本人英語学習者の特性を考慮し，様々な教授法の長所を生かして，日本人によって考案されただけに，現在のところ短所は見つからない。強いて言えば，やはりこの教授法を使って授業をする教師にはかなりの英語力が必要となるが，逆に，この教授法を使っている内にその教師の英語力が向上する可能性は大

きいので，同時に長所ともなる。今後ますます普及することが期待される。

7.3 MERRIER Approachを授業で用いる際の留意点

渡辺（2003: 17）は，聞きっぱなしではなく，次の(1)〜(3)を行って，生徒に「気づき」（noticing）の機会を与えるべきだと指摘している。

(1) 口頭で話した内容と同じ内容をプリントして読ませる。
(2) 簡略化したテキストを済ませたら，原文を読ませる。
(3) 生徒が書いたものは，日をおいて必ず自分で修正させる。その後，さらに教師が気づいた点をマークし，本人に訂正させる。

7.4 中学・高校の授業への適用

他の指導法と違って，日本の中学や高校の授業にそのまま適用可能である。具体的な指導例や実証研究結果については渡辺（2003）を参照。

8. もっと取り入れられるべき教授法
—— Total Physical Response（TPR）

最後に，現在の中学や高校での英語授業であまり用いられていないが，今後さらに積極的に取り入れるべき教授法として，TPRを紹介する。

TPRは，米国San Jose State Universityの心理学教授James J. Asherにより，1960年代中頃に提唱された教授法で，現在では，米国の少なくとも初級段階の外国語教育では主流の教授法のひとつとなっている。

日本には1972年に河野（1972: 88-90）によって紹介された。当時，一部の教師の間で話題になったものの，中学や高校の授業に普及するに至らず，現在ではわずかに中学校の教科書の一部に取り入れられている程度であるが，児童英語教育では中核的教授法のひとつとして用いられている。そのため，日本ではTPRは子ども向きの教授法だと考えられている

場合が多い。

しかし，筆者の高校教員時代の指導経験ならびに，筆者の勤務校の大学院に内地留学された中学や高校の先生方の実践でも，中学生や高校生にも有効であることが実証されており（Kurokawa, 2002; Yoshioka, 2002），中学や高校の授業にも，もっと取り入れられるべき教授法である。

8.1　TPR とはどんな教授法か？

まず，教師が英語を言いながらその内容を表す動作をし，生徒はその動作のみをまねる。例えば，Walk. と教師が言って歩くと，生徒は教師の動作のみまねて歩く。数個の表現を練習した後に，教師が言う英語の内容を表す動作を生徒だけで行う。その間，生徒に英語をまねることを全く要求しないで，英語を聞いて即時に動作ができるようになるまで聴くことに専念させることがポイントで，徹底したリスニング優先の教授法である。

ことばと動作を結びつけるということを考えたのは Asher が初めてではなく，例えば，Palmer の Oral Method では指導技術のひとつとして Action Chain が用いられたが，TPR の場合は，ことばと動作を結びつけるこの方法が教授法の中核に据えられ，数々の実験によって，一つひとつ仮説や指導効果が検証された点が大きな相違点である。

Asher は，幼児の母語習得の観察から，幼児は，①話し始めるまでに長い時間，聴くことに専念し，話せるようになった時には，子どもは，話すことができるよりも遥かに高度なことを聴いて理解できること，②聴きながら周囲の人々の動作を観察し，また周囲の人々が発することばに対して動作で自ら反応していること，などに気づき，その過程を外国語教育あるいは学習に取り込むべきであると考えて TPR を考案した。

8.2　特徴

(1)　ことばと動作を母語を介さずに結びつけようとする。
(2)　最初はリスニングに専念させ，生徒に話すことを強要しない。
　　　聴くと同時にまねて言わせると，かえって学習効果が落ちることが

実証されている（Asher, 1969）。
(3) 初期段階では単純な命令文が中心となるが，学習が進むにつれて命令文を核にしていろいろな文を教えていくことができる（例えば，教師がKenji という生徒を指名して，Kenji, walk around the classroom. と言う。Kenji が教室を歩き回り始めると，教師は Look at Kenji. He is walking around the classroom. と言う）。

8.3 長所
(1) 楽しく教える（学習する）ことができ，授業の雰囲気が良くなる。
　　高校生を対象にした筆者の実践でも約95％の生徒がTPRを肯定的に評価している。また，Kurokawa (2002) は，TPRの利用が英語力の向上とともに，生徒の授業に取り組む姿勢の改善にも効果があることを報告している。
(2) 生徒が即時に英語の意味を理解できるようになる。
(3) 学習が容易で，定着率が高く，達成感が得られる。
(4) 話すことを強要されないため，生徒は心理的な圧迫をあまり感じなくて済む。
(5) 生徒の理解度をその動作から，即座に簡単に把握できる。
(6) 年齢など適性に関係なく効果が期待できる。
(7) 教師の創造力を高めることができる。

8.4 短所
(1) 動作を伴うため，大人数では指導しにくい。
(2) リスニング以外の技能を教えるための配慮が少ない。
(3) 学習指導要領のすべての文法項目や語彙を教えることはできない。
(4) 抽象的な事柄を指導できない。
(5) あまり高度な文（文構造が複雑な文や，抽象的な文）は指導できない。
(6) 教師の創意工夫が必要である。
(7) 十分な準備が必要である。

8.5 中学・高校の授業への適用

　中学高校の授業に取り入れるもっとも近道は，語彙指導にTPRを用いることであろう。Yoshioka（2002）では，単に語彙リストを与えて意味を確認しながら，授業で教師の後について数回ずつ，各語を発音させた場合の定着率と，TPRの手法を用いて指導した場合の定着率を1週間後に抜き打ちでテストによって比較したところ，後者が前者よりはるかに定着率が良かったと報告されている。また，生徒が動作をしないで，教師の動作を見ているだけでも効果があることも判明した。なお，受験レベルの単語でもこの手法が使える語彙は少なくない（例えば，abbreviateやvertical など）。TPRで語彙指導を行ったあと，リスニングやリーディングを行えば，検定教科書を用いた授業でも効果的な指導が可能になるであろう。

　次に文法指導にも適用可能である。例えば，Give this cake to Tom. Leave this cake for Tom. というような例文をいくつも聴かせて，その意味内容を動作で表現させたり，その動作を観察させると，toとforの使い分けを理解させることができる。このほか，命令文だけでなく，現在進行形や現在完了形など，いろいろな文法事項を教えることが可能である。

　以上のように，TPRは決して入門期だけの教授法ではない。もちろんTPRでは教えることができないものも多いが，他の指導法よりもTPRを用いる方が効果的なものはたくさんあり，それらをTPRを用いて教えれば，現在「落ちこぼれている」生徒を救ったり，英語が得意な生徒の力をさらに伸ばすことも可能であろう。このTPRを7.のMERRIER Approachと組み合わせて利用すると，さらに効果的な授業が可能になると思われる。

参考文献

Asher, J. J. (1969) "The Total Physical Response Approach to Second Language Learning," *The Modern Language Journal*, Vol.53, No. 1, pp.3-17.

──── (2000⁶) *Learning Another Language through Actions*. California: Sky Oaks Productions.

語学教育研究所（編）(1962)『英語教授法事典』，開拓社

河野守夫 (1972)「演示・劇化」，金田正也（編著）『教授メディアと授業』(講座・英語教育工学 第3巻，研究社)，pp.81-105.

Krashen, S. D. & Terrell, T. D. (1983) *The Natural Approach: Language Acquisition in the Classroom*. Oxford: Pergamon Press.

Kurokawa, A. (2002) "The Application of Total Physical Response for Developing Listening Fluency and Improving Communicative Competence," Unpublished Master's Thesis, Kyoto University of Education.

斎藤栄二・鈴木寿一（編著）(2000)『より良い英語授業を目指して』，大修館書店

Suzuki, J. (1999) "An Effective Method for Developing Students' Listening Comprehension Ability and Their Reading Speed." In Jungheim, N. O. & P. Robinson (eds.) *Pragmatics and Pedagogy: Proceedings of the 3rd Pacific Second Language Research Forum* (Pacific Second Language Research Forum [Pac SLRF])，Vol.2, pp.277-290.

髙島英幸 (2000)『英語のタスク活動と文法指導』，大修館書店

VanPatten, B. (1996) *Input Processing and Grammar Instruction*. New Jersey: Ablex Publishing Corporation.

渡辺時夫（監修）(2003)『英語が使える日本人の育成──MERRIER Approach のすすめ』，三省堂

Yoshioka, K. (2002) "The Effectiveness of Total Physical Response on Grammar and Vocabuary Learning: An Empirical Study," Unpublished Master's Thesis, Kyoto University of Education.

より進んだ読者のために

Larsen-Freeman, D. (2000²) *Techniques and Principles in Language Teaching*. Oxford: Oxford University Press.

Richards, J. C. & T. H. Rogers (2001²) *Approaches and Methods in Language Teaching*. Cambridge: Cambridge University Press.

田崎清忠（編）(1995)『現代英語教授法総覧』，大修館書店

研究課題
(1) 中学時代や高校時代の英語授業を振り返って，本章で取り上げられた教授法が使われていたかどうか，使われていたとすればどのように使われていたか，まとめてみよう。
(2) 中学や高校の教科書のひとつの課を選んで，本章で紹介された教授法のいくつかを組み合わせて，指導案を書いてみよう。
(3) 本章で紹介された教授法を用いて，生徒に英文を繰り返し聴かせた場合の，1週間〜1ヵ月後の英文や語彙の定着率を教授法間で比較してみよう。

（鈴木寿一）

第3章

e-learning と 4 技能

1. 4技能を教えるにあたって

1.1 4技能の関連

　言語教育の目的には，言語技能（「4技能」(four skills)：リスニング，スピーキング，リーディング，ライティング）とそれを支える発音や文字の知識，語彙力・文法力の獲得，言語を通しての理解，思考，表現，談話などの能力の育成，さらに教養，文化の獲得がある。

　一般に，英語学習においては，文字を媒介とするリーディング・ライティングの指導は，音声を媒介とするリスニング・スピーキングの指導がなされた後に，あるいは並行して行われるのが自然で，実際の指導にさいして，音声を与えずに文字だけを教えることは不可能なくらいに困難である。

　本来，英語の4技能の相互の関係は，並列的なものではなく，むしろ相関するものであり，その中でライティング能力というものは，リスニング・スピーキングおよびリーディングの3つの能力が集約されて表れるやや高度なものであるといえる。また，ライティング活動は，リスニング・スピーキング・リーディングという過程によって得たものを，整理・確認し，英語運用力をより確実なものにするためにも欠かせない活動である。それゆえに，英語の4技能はそれぞれ単独に養われるべきものではなく，相互に密接に関連しあって培われるべきものなのである。4技能の調和のとれた育成こそが，将来さらに進んだ学習を行う場合にも，その確実な土台となるのである。

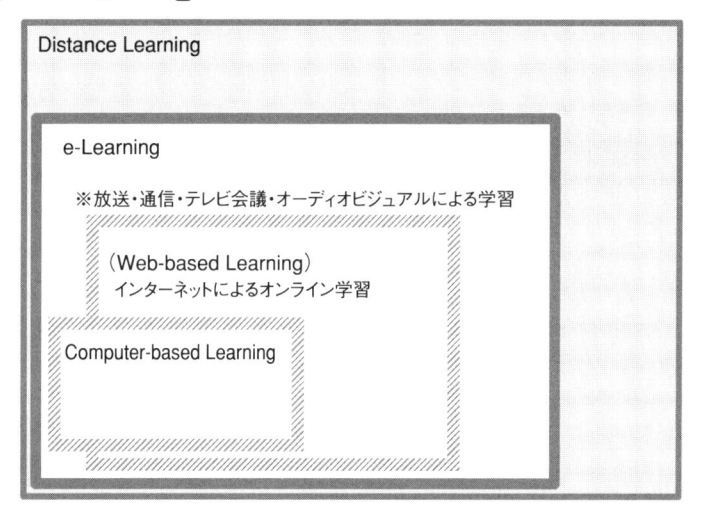

2. e-learning の役割

インターネットを含むネットワーク環境は語学教育の重要な役割を担う技術基盤としてさまざまな形で活用されてきている。とくに英語を外国語として（EFL; English as a Foreign Language）学習する分野では4技能を向上させる上でネットワークを介した CALL（Computer Assisted Language Learning）は有力な教育手段である。

2.1 e-learning とは

```
Distance Learning
  e-Learning
    ※放送・通信・テレビ会議・オーディオビジュアルによる学習
      （Web-based Learning）
      インターネットによるオンライン学習
    Computer-based Learning
```

図 1　e-learning の範囲

e-learning の「e-」は，e-mail＝電子メールより転用したものと思われる。e については electronic の略という説もあるが，実際のところ定訳は存在しない。内容はネットワーク（インターネット・イントラネット）を利用した学習環境であり，学習ソフトなどを使ったものも含まれる。コンピュータ・ネットワークなどを利用して教育を行なうことであり，教師と対面して学習を行なう場合と比べて，遠隔地にも教育を提供できる点や，マルチメディア教材が利用できる点などが特徴である。Web

ブラウザなどのインターネット・Web技術を使うものを特にWBT (Web Based Training) と呼ぶ場合がある。

　前頁の図1に示すように，リアルタイムでインタラクティブな「遠隔教育」(distance learning)，遠隔地への講義などの一斉配信，大学内のコンピュータに蓄積されているビデオ映像やWebコンテンツとして編集された教材を学習者が好きなときにネットワークを介して利用する方法など，さまざまな可能性を含んでいる。インターネットは，日常生活のみならず教育現場にも浸透し，大学でも遠隔教育による学位取得が可能となっている。情報教育がより早い段階で取り入れられている現在，このような環境で学んでいる学習者にインターネットを介し，マルチメディア教材を用いた学習がより効果的になっていくことは確実である。

2.2　e-learning が4技能に果たす役割

　コンピュータは忍耐強く従順な働き手として，とりわけドリル＆プラクティス活動にとって有益である。それでは，e-learningが英語教育に果たす役割とは具体的にどのようなものであろうか。詳細は3.で述べるが，ここでは4技能とのかかわりあいの数例を示したい。

　たとえば，発音学習においては，ネイティブの顔の動作および通常は隠れて見えない発声器官が映像化されたものを見ることができ，さらに，学習者自身の発声の音声波形をモデル波形と見比べながら納得のいくまで練習を繰り返すことが可能である。

　発話学習については，コンピュータによる音声認識技術は，完成にはほど遠いが，コンピュータの録音機能を利用することにより，内向的な学生でも他者の目を意識せず自発的に「発話」することを可能にする。さらに，音声，映像によるTV電話機能などは，発話活動に大きな貢献を果たす。

　リスニング学習では，即時の再生機能により，「繰り返し」(repetition) の音声入力が可能となる。インターネット上では，自己アクセスが可能な，例えばVoice of America (www.voa.gov), BBC World Service (www.bbc.co.uk/worldservice/) などのような実際のニュー

ス番組を素材とした音声情報資源が用意されている。さらに，CD-ROM と同様に，文字・画像・音声情報を統合的に扱える DVD は，英語表現が使われる動画像を見ながら，ネイティブ話者の音声を聞いて，視覚と聴覚の両面からの学習が可能である。多くの DVD では音声と「字幕」(closed caption) について日本語と英語を選択できる。ここで英語音声を英語字幕の表示とともに視聴すると，聞く内容を文字でも確認できて，リスニングとリーディングとを連結した学習ができる。

　リーディング学習では，英文の全体を一度に画面上に表示するという方式ではなく，1 行ずつスクロールさせながら，制限時間内で，あるいはマイペースで読みながら次第に速度を増し読み進めていくことで，「速読」(speed reading) 技能の向上に貢献することが可能である。また，読解用「クローズ・テスト」(cloze test) 作成については，n 番目に自動的に空所を作成するソフトも多種用意されているので，教師が手動で教材作成をするために消費する時間の節約となる (3.1(3)参照)。

　ライティング学習においては，最も初期のコンピュータ技術のうちの 1 つで，教師自身も利用してきたワード・プロセッサーがあげられる。修正が容易なため多数のドラフトの作成が可能となり，書くプロセスをすべて記録に残しておくことも可能である。長期間にわたってファイル化したものを参照することにより，スペリングをはじめとして，文法エラーの経時的チェックを行い，学生の意識レベルを維持することにも有効である。

　さらに，これらの学習を時間に制約されずに行えるシステムとして，京都大学の語学教育支援サービスでは，授業の支援のみならず，CALL「自律学習」(autonomous learning) 環境を提供している。センターに設置されているオープンスペースラボラトリには，CALL 自律学習用端末が配置されており，教官が開発した自律学習用教材を自由に学習することができ，学生にとっては必須の環境となっている。(http://www.media.kyoto-u.ac.jp/pamphlet/pamphlet.php)

　本章では，e-learning によるリーディング（ネットサーチ，Web 上での速読，クローズテスト），リスニング（VOA 教材利用のパーシャルディクテーション），ライティング，スピーキング（e-mail・掲示板による

国際交流）について具体例をあげながら紹介し，e-learning の効果的活用法について考察を行いたい。

3. e-learning の効果的活用法
3.1 リーディング
(1) ネットサーチによるリーディング指導

Web は，身近でオーセンティックであり，国際感覚を身に付ける情報資源として有効な教材である反面，漫然と Web 上のホームページを眺めているだけでは，なんら学習効果は得られない。膨大な情報量を有する web を利用する場合，むしろ主体的に情報を検索する姿勢の育成や，必要な情報を迅速かつ的確に検索する能力の強化を目的とすることが考えられる。このような目的に沿って，インターネットを外国語教育に利用した場合，認知処理速度の向上，さらには，種々の文体や他の参加者（情報提供者）の英語に接する機会を持ち，サイバー環境上ではあるが，実践共同体への参加を通しての「正統的周辺参加学習」(legitimate peripheral participation)（Lave, 1991）も可能となるであろう。

一例として，山内 (1996) のサイトでは，日本文化を紹介する英文ホームページの概要・要点を読み取り，英語の質問に解答することを通して，英語速読力と国際理解力の基礎を養うよう設計されている。また，解答に対するフィードバックを英語で読み，自分の理解不足だった点を反省できるという利点もある。

吉田ほか (2002) では，日本人大学 1 年生を対象に，リーディング授業の一環として，指定された項目について，授業時間外に各自で英語によるネットサーチを行い，翌週の授業時にレポートとして提出するという課題を与えた。ネットサーチ活動の後，語句の認識処理能力の向上が示された。本活動が英語の語句レベルでの認知能力を育成するための有効性を示唆するものと思われる。また，ネットサーチ課題に対する学習者の反応からは，語学的には難易度の高いものもあったが，実生活で使える情報が入手できるため人生経験の幅が広がり，国際連帯の精神の発揚や，日常生活

における英語学習への取り組み方への示唆を与えることができたという報告も得られた。

　ネットサーチによるリーディング学習には多くの利点がある一方，ネットワーク上の情報が全て正しいとは限らず，英文が必ずしも全て適切ではないということを忘れてはならない。教師は，使用にあたって情報の信頼性について過信させないよう，二次情報にもあたって確認すること等の必要性を教授すべきであろう。

(2)　Web ベースによる速読訓練

　Web に文字や動画を配信する技術を活用すれば，英字を画面に次々と提示しては順次に消していくことが可能となる。具体的な作成例として吉田（2000）は，ネットワーク上で行う速読訓練を可能にした。学習者は，5種類の英文教材からテキストの種類とリーディング速度（1語あたりの表示速度）を数値入力し選択する（次頁の図2参照）。英文の表示単位は，事前にテキスト作成時に単位ごとに行を変えておくことで，異なるチャンク数を単位とした素材を用意することができる。本プログラムでは，英文は順次枠内に表示されては消えて行くが，学習者の不安感を軽減するために，残りフレーム数を画面右下に表示した（次頁の図3参照）。リーディングを終えた後，後述のオンライン・クローズテストで要約文の空所に適切な語を入れることで，内容理解の確認を行い，その場で採点結果が提示される。

　このシステムと教材に関するアンケート調査結果から，コンピュータの特性を活用したリーディングの授業は学習者の読解意欲を引き出すこと，題材はインターネットから最新の情報を収集し，その場で教材として活用できるので多様な学生のニーズに応えられること，題材や表示速度を各自が選択できるので自己ペースの原理がはたらき，習熟度に応じた教育が可能であること，インターネットが利用できる環境であれば時と場所を選ばないので，基礎学力の補完学習にも活用できることが判明した。

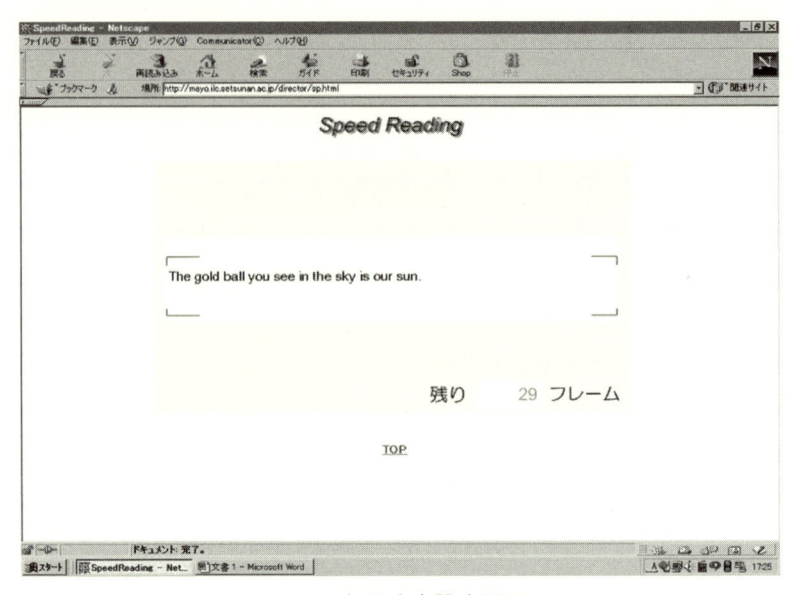

図2　表示速度設定画面

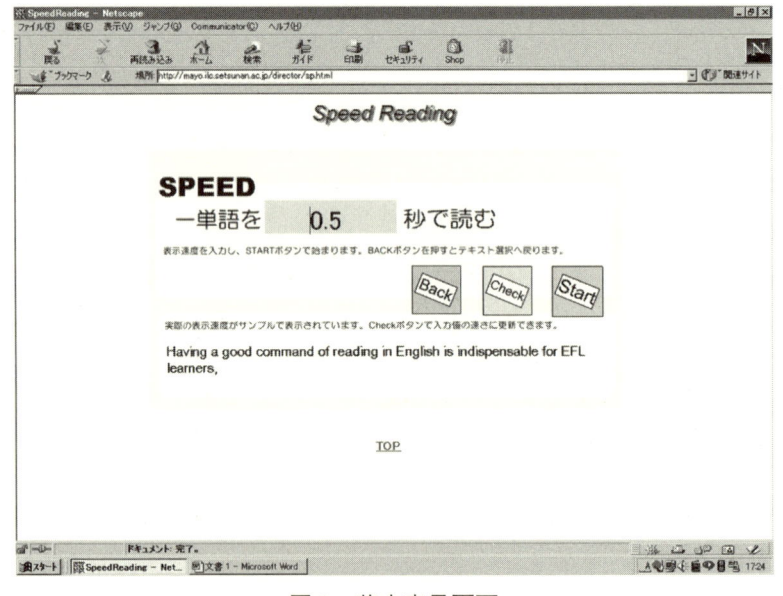

図3　英文表示画面

(3) オンライン・クローズテスト演習

　クローズテストとは，学習者の能力にあった英語の文章から，機械的にn番目（通例n＝6〜10）の単語を削除し，空欄をもうけたテストで，学習者はその空欄部分を筆記により補充・再生することを要求される。Ollerほか（1973）により，総合的な言語能力を測定するテストとしても有効であることが明らかにされている。

　吉田ほか（1999）は，インタラクティブ性を備えたオンライン・クローズテストのWebページを開発・実践した。その結果，従来のpaper & pencil形式のテストからは得られない利点が多く見られた。即時確認の原理に基づいて学習者の解答入力の直後に解答の正誤を示し（図4参照），しかも収集された学習記録を教師が即座に分析し，クラス内順位や誤答の多い箇所の要約を，学習者にその場で解説できるようにしたことが挙げられる。また，自己ペースの原理がはたらき，内発的動機づけが作用

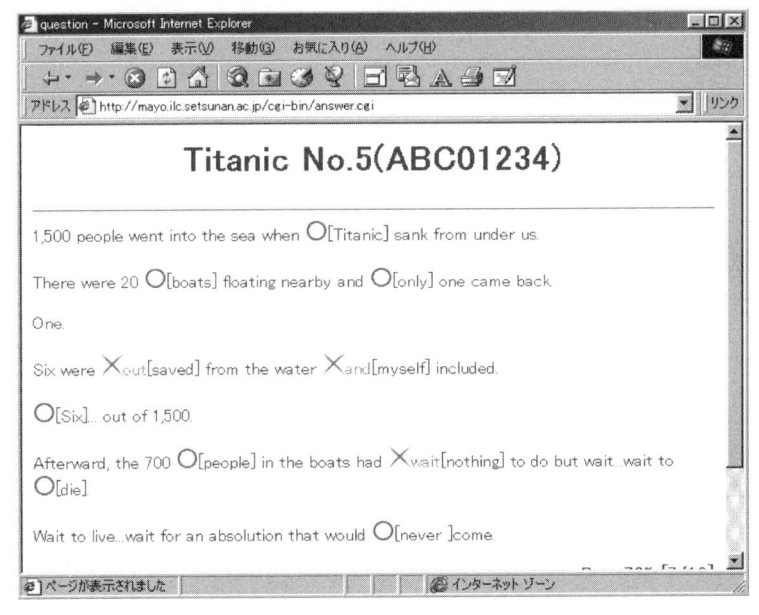

図4　クローズテスト採点結果画面

したこと，インターネットが利用できる環境であれば時と場所を選ばないので基礎学力の補完学習にも活用できること，題材はインターネットから最新の情報を収集し，その場で教材として活用できることも示された。

3.2 リスニング

(1) オンライン・パーシャルディクテーション

ディクテーションとは，音声を文字で書き取る練習，またはそのテスト方法であり，聞く力，書く力，語彙力，文法力などを総合的に伸ばし，さらに，言語使用の正確さを高める効果があると考えられている。単に文章を書き取るディクテーションの他，テキストの空所を聞き取って埋めるディクテーションは，パーシャルディクテーションまたはクローズディクテーションと呼ぶ。

吉田ほか (2003) は，大学内研究用サーバーを利用して英語学習用 Web ページにより，オンライン教材を提供・実践しており，その一環としてこれまでに，VOA (Voice of America) を学習教材として用い，オンライン・パーシャルディクテーションにおけるリスニング能力の育成を実践してきている。英文テキストに空所を設けたクローズテストをコンピュータ画面に表示させ，自己ペースで音声ファイルを再生しながら空所補充し，音声も繰り返し再生させていくというものである。このシステム使用の意義としては，1) 学習者が即時フィードバックによる KR (knowledge of results [通称は「KR 情報」]) を受け取り，得点や誤答の箇所を迅速に知ることができる，2) 学習記録がデータとして残されるので，誤答の分析およびその類型化を迅速かつ容易に行える，3) インターネットが使用できる環境にあれば，時間と場所を限定せずに学習できる，そして，4) 英文を読みながら，音声を何度も聞き取ることで，「繰り返し学習」の効果を得ることができ，ひいては「長期記憶」(long term memory) に結びつくものであると予測される。

この方法の効果を検証するため，大学生を対象に TOEIC により，リスニングとリーディングの伸び率を測定したところ，オンライン教材を使用したクラスでは，リスニングとリーディングともに，使用前に比べ有意

な得点の伸びが見られ，普通クラスとの比較では，リスニングにおいて，リーディングよりも有意にその効果が現れた。

　さらに，文字音声情報に加えて映像を利用することが期待できるシステムも開発されている。文字・画像・音声情報を統合的に扱えれば，英語表現が使われる画面を英語字幕つきで見ながら音声を聞いて，視覚と聴覚に訴えながら学習することが可能である。英語字幕の効果としては，英語音声を英語字幕にして視聴した場合，聞く内容を文字でも確認できて，リスニングとリーディングを連結した学習が可能になり，「想起」(recall) の手がかりが単一のメディアで表象される情報より多くなるため，記憶再生が向上すると考えられる。

　杉浦ほか (2002) の研究では，リスニング力養成のための自律学習方法としてのディクテーションに効果があるかどうかを調べている。宿題のディクテーションのやりかたについて：1. 何度聞いてもよい，2. どれだけ時間をかけてもよい，3. 終るまで，絶対に解答を見てはいけない，4. 辞書，参考書などは何を見てもよい，などのルールのもとで行った。その結果，宿題の成績と授業の成績には相関関係があり，時系列でみて学習が進むとともに，学習に費やす時間が減少（宿題），もしくは一定（授業）であるのに，成績が上がる傾向が見られた，等の報告がなされている。

　他の自律学習法としては，Web 上で NHK ラジオ英語講座のトランスクリプトを無料で入手できるサイト (http://www.eigozuke.co.jp/material.html) がある。これを利用してラジオを聞いて書き取った英文をチェックすることにより，聞き取れなかった語句が明白となり，英語の音声パターンに慣れていくことができる。

3.3　ライティング，スピーキング

(1)　国際交流による作文活動

　電子メールは，コンピュータを介して世界の人々と時差を越えて迅速にやりとりのできる媒体であり，「国際通信」(International Correspondence) を展開することにより作文力を養成する指導が可能となる。

　電子掲示板は，個人がメッセージを書き込むとグループ全員が閲覧で

き，それを見たグループのメンバーがさらに返答を書き込んだり，個人宛てに電子メールを送ったりできるものである。
　その英語学習上の意義として次のものがあげられる：

1) 現実のコミュニケーション相手が保証されているため，自ら英語を使ってコミュニケーションをとろうとする動機づけ（Deci, 1975）ができる。
2) 今まで出会えるはずのなかった人との交流ができ，ネイティブ話者の英語に接触でき，これらをモデルにして高度な英語表現を学習していくことができる。
3) ログが全て残るため，作文のProductのみならずProcessに着目してライティング能力の伸びを調べることができる。
4) 双方向での意見交換が可能であり，地域や時差を超えた異文化交流が可能となる。
5) マルチメディアによる情報発信が可能であることから，自国の状況などをビジュアルにリアルタイムで発信でき，受信する側も理解しやすい。
6) 電子掲示板を用いた場合e-mailと異なり，複数の人間で発言を共有することができるため，互いに刺激しあいながらコミュニケーションを進め，学生の発言を教師がチェックすることもできる。一方，匿名性のゆえに国際的な理解のズレにより発信内容が問題になることもあるのでチェックが必要になる。また，発言の場では参加者の目もあるため不適切な発言の抑止効果がある。

　活動の流れとしては，自己紹介や自国文化紹介等のe-mailによる交流から始まるのが一般的である。しかしその第一歩としての「英語による電子メールを作成」することは依然として高い障壁となっており，国際交流に踏み切れない学校が多いのも実情である。この障壁を低くし，児童・生徒による国際交流を促進することが重要である。
　障壁を低くするための手段として，翻訳エンジンを利用することが考え

られる。しかし，現状の翻訳エンジンの性能では，任意の日本語文章を正しく意味の通じる英文に翻訳することは困難である。また，生徒が各々異なる文章を作成することを考えると，翻訳の誤りを教師が逐一指摘・修正することも現実的でなく，授業において利用することは難しい。むしろ，教師が進行役となりいくつか例文集を用意しておくことも必要であろう。

その一例として，平成12年度Eスクエア（e^2）・プロジェクト「協働企画・先進企画」実践状況（2000）の「国際交流支援システムの開発及び実証実験」(http://www.cec.or.jp/es/E‐square/seika/image/bunkakai/G6.pdf) では，国際交流の第一歩である自己紹介・自国文化紹介等の英文作成を中心に，異文化交流への取組みを支援するシステム，すなわち，従来の英語学習ソフト・翻訳ソフト等の枠組みを超え，国際交流への適用を可能にする新しい形態のシステムを開発した。

そこでは，表現したいキーワードを入力することにより，それに対応すると考えられる候補例文が提示される。これにより文法的な正しさが保証され，学生は自信を持って交流に参加できるとともに，教師側の負担も軽減されるという。システムを利用して思った通りのメールが作成できたかどうかという質問には，79％の生徒が作れたと回答しており，国際交流の第一歩を踏み出すきっかけを与えるという意味では，本システムは有効に機能していると考えられる。

しかしながら，このシステム利用による活動は，交流には役立つだろうが英語の語学力を習得させるという点では疑問が残る。ライティング能力の定着をはかるためには，国際交流を発火点として，学習者が英文作成の支援システムを借りず自らの力で書こうとする意欲を持たせることを皮切りに，中長期的な交流を通じての大量の実践の場が不可欠となるであろう。

(2) テレビ会議を利用した国際交流

電子掲示板を利用することで，国際交流の活性化が期待される一方で，利用に対するデメリットも指摘されている。電子掲示板上の交流では動画，画像が利用できるとはいえテキスト情報が中心となること，あまり接することがない同世代の外国人に対してのイメージがわきにくいため，交

流に実感がわかないという点である。この問題を解決する方法としてテレビ会議や実際に写真やビデオを送るなどの別のコミュニケーション手段を用いることも有効である。

　国外との実践例では，慶應義塾大学，千葉商科大学と英国マンチェスター大学日本語科とをジョイントした，Language Exchange プログラム実践があげられる（山中，2003）。このプロジェクトは，日本側が慶應義塾大学 SFC，千葉商科大学政策情報学部における英語の授業，また，英国側がマンチェスター大学日本語科の学生の間で行われたものである。教え，教えられるという，互いに利益となるような，相互補完型の実践プロジェクトであると言える。テレビ会議の内容は，およそ1時間のセッションの中で，前半30分は事前に決められたマンチェスター大学側の発表者が2名，各自のプレゼンテーションを日本語で行い，その後，日本側の学生も加わり日本語で議論が行われる。残りの30分は日本側が全く同じことを英語で行う。各自のプロジェクト公開を，リサーチ＆プレゼンテーション型の中間発表，最終発表として位置づけ，それを Language Exchange として，オンラインで国外の大学生に発信した点で，よりインタラクティブな交流が成功している。

4．まとめ

　本章では，4技能の習得を e-learning を通じて紹介してきた。昨今の急速なネットワークの高速化と普及率の高さに，ともすれば教育界においても e-learning への過剰期待から，教授目的が英語運用能力育成よりも機器使用リテラシーの方向へと転化されているきらいがある。PC 利用とはあくまで「利用」であり，教育効果を高めるためのツールでしかありえない。教師は，「グッドプランナー」であり，学生がそのプランの中心となるべきである。e-learning のツールとしての利用価値は非常に高く，効果的に授業に組み込んでいくことで最大限に4技能の習得と英語運用力の育成に寄与するものであると確信する。

参考文献

Deci, E. L. (1975) *Intrinsic Motivation*. New York: Plenum Press.

Lave, J. and E. Wagner (1991) *Situational Learning: Legitimate Peripheral Participation*. Cambridge: Cambridge University Press.

Oller, J. W. Jr. (1973) "Cloze Tests of Second Language Proficiency and What They Measure," *Language Learning*, Vol.23, No.1, pp.105-118.

杉浦正利ほか（2002）「リスニング能力養成のための自律学習：ディクテーションの効果」，『言語文化論集』（名古屋大学言語文化部・国際言語文化研究科），第XXIII巻，第2号，pp.105-121.

山内　豊（1996）『インターネットを活用した英語授業』，NTT出版

山中　司（2003）「Inter-Collegiate Education and Research Network Project―大学における言語教育実践の未来」，『PC　Conference論文集』（Council for Improvement of Education through Computers［CIEC：コンピュータ利用教育協議会]），pp.279-282.

吉田信介ほか（1999）「ネットワーク型英語クローズテストにおけるCMIシステムの構築」，『教育システム情報学会第24回全国大会講演論文集』，pp.339-342.

吉田晴世（2000）「ネットワーク形式による英語クローズテストの基礎的研究」，『ことばの科学研究』（言葉の科学研究会編），第1号，pp.83-105.

吉田晴世・吉田信介（2002）「英語ネットサーチによる学習効果―情報サーチ能力・単語認識処理速度・自己啓発―」，『日本教育工学会第18回全国大会講演論文集』，pp.295-296.

吉田晴世ほか（2003）「オンラインVOA学習におけるリスニング能力の育成」，『PC Conference論文集』（CIEC），pp.267-270.

より進んだ読者のために

Dede Teeler（著），渡辺雅仁（訳）（2001）『英語の授業に活かすインターネット―導入から授業活動・計画の組み立てまで―21世紀の英語教育を考える』，ピアソン・エデュケーション

倉橋英逸ほか（2000）『Web授業の創造―21世紀の図書館情報学教育と情報環境』，関西大学出版部

山内　豊（2002）『IT 時代のマルチメディア英語授業入門― CD-ROM からインターネットまで』，研究社

研究課題
(1) あなたにとって 4 技能で不足していると思われるのはどの技能か。その理由を整理してみよう。
(2) 日常生活でメディアがもたらす影響と英語教育とのかかわりについて例を挙げながら議論してみよう。
(3) TV 会議が出来る教室が用意されている場合，生徒達のコミュニケーション能力を高めるためのシラバスを作成してみよう。
(4) コンピュータは「教師の役割」のどの部分を分担すべきか話し合ってみよう。

（吉田晴世）

第4章

発音指導の
基本点と留意点

1. 入門期の発音指導の重要性

　言葉は音声が第一であり，文字は副次的なものであるから，「英語の学び方の基本」のひとつとして，いかに音声重視の指導を実践するかが大切なことになるであろう。以下，英語教育にあっては，発音，音声指導はきわめて重要であるにもかかわらず，ときとしてそれが軽視される傾向もなくはないので，音声重視の視点から，その指導上の基本点と留意点ないしは問題点について考察することにしたい。

　さて，発音指導をめぐって最初に指摘すべきことは，発音指導は英語学習のあらゆる意味での基礎である，ということである。しかも，その指導は，直接・間接に speaking や listening にも大きく影響するものであり，この重要性はいかに強調しても強調し過ぎることはないであろう。

　また，発音指導は最初が肝心であることは言うまでもない。入門期の中学レベルの指導においては特に留意する必要があろう。最初に自己流あるいは日本語流の発音で代用する癖については，取り返しがつかないからである。しかも注意すべきは，入門期で発音上の基本点はほとんど出つくしてしまい，この時期の指導いかんがその生徒の将来をも決しかねないことである。このことは発音指導における基本点中の基本点と言えよう。

2. 教師自身の発音はどうあるべきか

　ところが，この重要な発音指導が，実は我われ教師のあまり得意とする

ところではない。リズム・イントネーションなどは特にそうである。日本の英語教師の英文法などの文献学的知識に比べ，音声面の知識・能力はかなり劣っているように思われるのは残念なことである。

発音指導における教師の基本的な役割には次の3つがあると考えられる。

(1) 生徒に正しい発音のモデルを提示する。
(2) 生徒の発音の正しさを判定する。
(3) 生徒の発音の誤りを的確に指摘し，矯正する。

このうち，(1)についてはテープ教材などで代用することも可能であるが，必ずしもそれは教師の肉声に勝るものではない。むしろ機械に頼りすぎると，生徒が教師を信頼しなくなることもあり得るからである。もっとも，現在ではALT（assistant language teacher）との授業も普通になってきているので，いいモデルを生で提供できる場合も少なくないのはありがたいことである。また，(2)については機械では代用できない。もちろん，LL教室などで生徒が各自でモデルの発音と比較し，自己判定することはある程度可能である。しかし，普通教室の授業では判定者としての教師の耳は大切である。(3)については音声学に関する理論的な基礎知識は欠かせない。音声学に多少とも詳しい教師であれば，どうすれば正しい音が出せるのかの指導は，決して難しいことではないからである。また，その知識に基づいて生徒の誤りを予測し，その予防対策を講じることもできよう。

しかし，ここで大切なことは，難しい専門用語を生徒に教えることではなく，いかに分かりやすくその正しい発音の要領を説明してやるかということである。そして，そのような説明は機械では不可能であり，まさにここでこそ教師の力量が問われることになると言えよう。もっとも，以上の3つの役割を実践することは必ずしも容易なことではないが，そうした知識・能力は英語教師としての当然の前提条件であることを忘れてはなるまい。

3. 指導すべき基本点

さて，次に主として中学生に対する発音指導を念頭におきながら，指導すべき基本点について考えてみたい。それには少なくとも，アルファベットの発音，音素と異音，強形と弱形，リズム，イントネーションなどの指導が含まれているものと思われる。

中学段階ではさらにこのうちの基本的なものに絞る必要があり，重点的・効果的な指導も当然要求されてこよう。そして，それは日本人学習者が陥りやすい誤りまたは困難点を中心とした指導ということになるが，同時にそれが生徒の発音を英語らしい発音に仕立て上げる一番の近道でもある。

3.1 アルファベットの発音

英語の発音の基礎は，この「アルファベット」(alphabet) が正しく発音できるかどうかにあると言っても過言ではない。この中には発音上の重要な要素がいろいろと含まれており，これこそ最初におさえておくべき最大の基本点と言わなければならない。

その重要な要素として，まず日本語としてのカタカナ式のアルファベットの読み方と，実際の英語のアルファベットの音とはかなり異なることが指摘できる。具体的に言えば，たとえば a [ei] と「エー」，c [siː] と「シー」，f [ef] と「エフ」，h [eitʃ] と「エイチ / エッチ」，n [en] と「エヌ」，o [ou] と「オー」，r [ɑː] と「アール」，v [viː] と「ブイ」，z [zed] と「ゼット」など，大いに注意すべきである。そして，そのアルファベットの音価で読むべき単語にもローマ字読み（a, i, u, e, o が「ア，イ，ウ，エ，オ」になる）の悪影響が懸念される。たとえば，NATO [néitou]，Asia [éiʒə, éiʃə] などは，「ナトー」「アジア」のように発音していてはまずいことになる。母音のところはアルファベットの音価で読まれる（ことが多い）からである。

したがって，一見なんでもないことのようであるが，アルファベットの正確な反復練習は極めて大切なのである。実は大学生の中にもこれの怪し

い者がけっこういるのはなんとも心もとないが，これを言わせてみるだけでその生徒（学生）の発音能力はかなり正確に知られることになるのである。かくして，"ABC Song" が正確に歌えることには，それなりの意味があるのだと言えよう。

3.2　音素と異音

　日本の英語教育では個々の「音素」（phoneme）については比較的よく指導されているようであるが，学生などから受ける印象では，母音については自己流のものがかなり多いように思われる。その理由として，子音には著しい調音上の特徴があり，比較的発音しやすいのに対し，母音にはそれがなく，いわば口の構えと舌の位置だけで発音しなければならないこと，また，英語は日本語に比べて母音の数が多いために，その習得がいっそう困難なこと，などが挙げられよう。つまり，英語と日本語の音韻体系は，特に母音については，まったく異なるものと考えるべきであって，英語の発音を習得することは，日本語とはまったく別の音韻体系を習得することである，ということを忘れてはならないのである。したがって，英語の /ʌ, ə, æ, a, ɑ/ がどれも日本語の「ア」と区別できない，などということは極力避けたいところである。

○ l と r の発音について

　次に，日本人には特に苦手とされる l と r の発音について取り上げておこう。これらの区別については，すべての日本人英語学習者が悩むことになっていると言っても過言ではないが，基本的には次のような説明になろう。すなわち，l は舌先を上の歯茎にしっかりつけ，声を舌の両側から出して発音する。そして，r は唇をまるめ，舌先を上の歯茎ないしは硬口蓋のほうに持ち上げるようにして，歯茎の後ろに少しそらせた状態で，その間から声を出して発音する。そのとき大切なことは，舌先はどこにも触れないということである。すなわち，l は舌先が触れるために側音であり，r は（半母音ではあるが）一種の摩擦音となるのである。このような場合，次頁に示すような口腔図（図1, 図2）があれば，さらに理解しやすいで

図1 /l/　　　図2 /r/

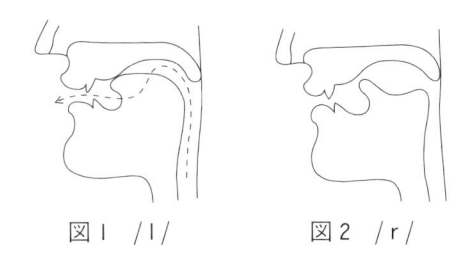

あろう。[図はO'connor（1980²: 54, 60）による]

　なお、このlとrの区別については、以前、中学校のSunshine（開隆堂）の教科書には「聞き取りにくい英語」ということで、大変ユーモラスな表現が取り上げられていたことがある。つまり、lとrを完璧に間違える例があげられていたのである。それは、Nobitaがアメリカへ出かけていき、道を尋ねている場面であるが、漫画のようなスタイルで、次のようなやりとりが見られた。

(1)　Nobita: Excuse me. Where's the station, please?
　　　A man: Turn to the *right*.
(2)　Nobita: Ah, the man said, "Turn at the *light*."
(3)　Another man: You are going the *wrong* way.
(4)　Nobita: The man said, "You're going a *long* way."
　　　　　　　　　　　　　　("Nobita Goes to America." *Sunshine 2*, p.38)

NobitaはTurn to the right. と言われたのに対して、rが正しく聞き取れず、lと聞き取ってしまったようで、信号機のある交差点付近まで来たところで、その信号機のところで曲がるものと思ってしまう。つまり、Turn at the light. と言われたものと勘違いして、そこで曲がってしまうのである。そして、これにはさらに続きがあって、別の人からYou are going the wrong way. と言われて、やはりrをlと聞いてしまうというものである。

　このような話には、この区別は日本人にはもうお手上げと言うか、あき

らめに近い気持ちが混じっていると言えるのかもしれない。なるほど，この２つの音素の区別は日本人にはできないという説もあるが，英米人に発音できることが，日本人にできないということは理屈の上ではあり得ないと考えたい。やれば必ずできるという考えで，実際の音を何度も聞きながら発音練習をすることが必要であろう。

また，「異音」(allophone) についてもある程度の指導が必要であろう。例えば「明るい l」(clear l) と「暗い l」(dark l) などである。この二つは同じ /l/ でもかなり音色が異なるので無視できない。"dark l" を使うべきところで "clear l" を用いると，急に英語らしくなくなるだけでなく，それがうまくできないと聞き取りのときも困難点となってくるからである。

なお，/l/ の異音に関連して，カナでの表記について言及しておきたい。カナ表記は筆者にはオーソドックスな方法とは思えないが，ただ聞こえるとおりにカナで表記するなら，それなりの教育効果のある場合もあるかもしれない。たとえば people, milk, apple, little などを，それぞれ，ピーポー，ミウク，アポー，リトーのように表記して，これに近い音を出すように指導するのである。そして，これらの場合も "dark l" について学習すれば，自然にこのような音がうまく出せるようになるのではないかと思われる。

さらに，破裂音はしばしば「不完全破裂」(incomplete explosion) となることにも注意しなければならない。例えば act, robbed などのように破裂音が連続するとき，/k/ と /b/ に対してその口構えはするが，実際にそれが破裂（して発音）されることはないのである。したがって，カタカナ式の「アクト」，「ロブド」とは，実際の音としてはかなり異なっているわけである。

また，この破裂音に関して特に注意すべきことは「鼻腔破裂」(nasal explosion)，「側音破裂」(lateral explosion) と言われる現象である。前者は written, didn't などに見られ，後者は battle, middle などに見られるものである。これらの /t/ や /d/ では通常の完全な破裂は起こらず，舌先が歯茎についたまま次の /n/ や /l/ に移行するのである。し

がって，例えば little などは，① clear l ② lateral explosion ③ dark l の 3 つの点に留意しなければならず，かなり発音の難しい単語であると言えよう。いずれにしても，カタカナ式の「リトル」とは程遠い音なのである。むしろ，先に見た「リトー」のような発音が，あるいは実際に近いと言えるのかもしれない。

○声門破裂音について

なお，教師の間でもあまり認識されていないと思われるものに「声門破裂音（または閉鎖音）」(glottal plosive [or stop]) がある。この音を [ʔ] という記号で表す。我々はふつう重い荷物を持ち上げたりして力むと自然に声門が閉鎖され，その力みを開放したときに，せきのような音を「アッ」または「アーッ」と出すことがあるが，これのごく軽いものが声門破裂音なのである[1]。

Gimson (1980[3]: 169) は，co-operate などではこの声門破裂音は多くの「容認発音」(R.P.: received pronunciation) の話し手にとって音節の境界を示すものとしての役目を果たし，注意深い発音では [kou-ʔɔ́pəreit] となることがあると言う。また，注意深い話者にあっては，Shah of Persia などのように「侵入の r」(intrusive r) の危険があるところでも，あるいは later on などのように「連結の r」(linking r) が生じるところでも，声門破裂音が入るという。さらに，It's [ʔ]empty. などのように，特にその単語が強調されると（語頭の）強勢のある母音は声門破裂音で強化されることがあるとしている。

しかし，これは容認発音の体系の中では重要な音ではなく，普通に用いられるものではない。したがって，我々はこれをまねる必要はない。いやむしろ，カタカナ式に発音するとどうしても軽い声門破裂音が入りがちになるということにこそ注意すべきであろう。Jones (1960[9]: 151) はたいていの外国人，特にドイツ人は，母音で始まるすべての単語に声門破裂音を入れる傾向があるとし，It was all our own fault. [it wəz ʔɔ́:l ʔauə ʔóun fɔ́:lt] のような例を挙げ，さらにこのような誤りについて，"The mistake is one which will effectually spoil what is otherwise a good pronunciation." と述べているが，実はこれは多くの日本人にもあてはまることなのである。いずれにせよ，このようなギクシャクとした耳障りな発音は避けなければならないが，[it wəz ɔ́ːl auər óun fɔ́ːlt] のように，問題の母音を直前の子音に続けて言わせる指導には声門破裂音を排除する意味もあるのである。なお，この部分の発音は「ゾーラツアロウン」に近くなることに注意したい。

3.3 強形と弱形

冠詞，人称代名詞，助動詞などのいわゆる「形式語」(form word) の多くは「強形」(strong form) と「弱形」(weak form) とをもっているが，形式語が文法上の重要項目として指導されることもあってか，強形のみが強く印象づけられるのに対し，弱形は，実際は強形に劣らず重要であるのに，日陰の存在となっているように思われる。例えば人称代名詞の he, his, him, her, them などにしても，それぞれ [iː, iz, im, əː, (ð)əm] と発音されるわけで，このことが十分指導されていないために，実はなんでもないこのような単語が聞き取りにおける困難点のひとつとなっていることは看過できない重要な問題であると言えよう。弱形はぞんざいな発音であるという考えが一部にはあるようだが，これは当たっていない。弱形こそ英語の本質であると考えるべきであろう。

このことについて，具体的には次のような例を考えてみてほしい。

(1) It was too expensive for them to buy.

この場合，was, for, them, to については，それぞれ単独に発音される場合にはたしかに強形が用いられるが，実際の話し言葉の中ではそれはあり得ない。普通には，それぞれ [wəz], [fə], [ðəm], [tə] となり，曖昧母音の入った弱形が用いられるからである。

3.4 リズム

一般に英語の「リズム」(rhythm) は強弱の繰り返しが基本であり，

強勢のある音節は一定の間隔で現れるのが原則であるとされている。これにはいろいろな場合があるが，例えば Both of them came back. では both，came，back の3つの音節に強勢があり，全体は当然3拍のリズムで発音されると言える。しかし，そのうち最初の1拍は both of them 全体で1拍をなすのであり，したがって，それぞれの個々の音節は3分の1拍ずつで発音されることに注意しなければならない。いわば3連音符を構成するのである。このようなタイミングでリズムをとるような指導も必要であろう。

3.5 イントネーション

イギリス英語とアメリカ英語とでは「イントネーション」(intonation)にかなりの相違があるが，基本的にはまず「上昇調」(rising intonation)と「下降調」(falling intonation)を正しく指導する必要がある。そして口語では同じ Thank you. でも下降調で言えば丁寧な言い方になるが，上昇調で言えばぞんざいなあるいは形式的な言い方になるとか，What's that? にしても，上昇調で言えば親しみや関心を込めた言い方になる，といったことは指導されてよいであろう。

さらに，「下降上昇調」(falling-rising intonation)についても指導したいところである。具体的には He's generous. He's handsome. のような場合，最後の generous, handsome のところでそのイントネーションをとるわけであるが，その場合はその含意として，「しかし」(but [I don't trust him])，または「それは認めないとね」(you must admit) などの意味があり，そのイントネーションは，後に何か反対の意味のことなどが述べられることが示唆されるものとなる。いずれにしても，日本語ではあまり強く意識されることは少ないが，イントネーションが実は話者の態度を示すということは大切なことなのである。

4. 発音記号について

さて，発音指導の基本点ないしは問題点としてはどうしても「発音記

号」(IPA: international phonetic alphabet) にも触れておかなければならない。従来，伝統的に日本の英語教育界で用いられてきているジョーンズ式の発音記号の扱いをめぐって，最近多くの意見が出されているが，どちらかと言えば「発音記号不要論」が多く，一部にはその有害論さえ唱えられているのが現状である。しかし，筆者は「発音記号早期指導論」を積極的に主張したいと思っている。中学1年の終わりまでにはこの記号が読めるように指導するのがよいと考えられるからである。特にこれからは，自ら学ぶ態度・能力を育てる指導が必要となってきているが，その意味でも発音記号を習得することの利益は計り知れないと言うべきであろう。

しかしながら，ここで注意すべきは，生徒に発音記号を書かせたり，あるいはそれで書かれたものを普通の綴字に直させたりするようなテストをしてはならないということである。これは単語などの正しい発音を想起・再現させるための補助手段であり，あくまでもそのように利用すべきものだからである。

なお，発音記号を教えることへの反対の主な理由は「学習の負担になるから」ということであるが，これにはあまり根拠がないように思われる。実際，発音記号そのものの記憶がたいして負担にならないことは，例えば太田 (1977: 45) が，「わが家の英語教授」と題する論考の中の次の一節で証明してくれているからである。

　1年の終り頃になって，学校で発音記号をやるらしいから教えてくれというので教えてやった。3日位 (3, 4時間) で覚えた。音そのものの区別が出来るようになっていれば，記号だけを覚えるのは実に簡単だと思った。

もし発音記号を教えないとすれば，「フォニックス」(phonics) 的な手法をも用いながら，綴字そのものから指導することになるが，英語では同一の綴字がしばしばいく種類もの発音をもっていたり，実際の発音と綴字とはしばしばかけ離れていたりするので，母国語の場合ならいざ知らず，

この方法では結局例外に悩まされることにならざるを得ないであろう。まず発音記号を正しく教え,綴字読みはしかるべきときに,適当な単語をグループごとに整理して指導するのが妥当な方法ではないだろうか。

かくして,発音記号の扱いについては,そもそもそれが中学校の英語教育に必要かどうかをめぐって賛否両論がありうるのであるが,筆者はすでに述べたように,発音記号早期指導論者である。つまり,発音記号はできるだけ早く教えた方がよいという考え方である。指導すればそれに見合うだけの十分なメリットのある発音記号であるのに,それを指導しないことに対しては合理的な理由は考えにくいとする立場である[2]。

5. アメリカ英語とイギリス英語の違い

最後に,ここではアメリカ英語とイギリス英語の違いについて検討しておきたい。それに関連して,まず手始めに water はなぜ「ワーラー」なのかについて考えてみたい。ここで water の発音について取り上げるのは,アメリカ旅行を経験してきた人の話しとしてよく話題になるものだからである。実は,その water の発音は,いろいろな意味で象徴的にアメリカ英語的であると言えるのである。

5.1 water はなぜ「ワーラー」なのか

さて,ここでの話は,アメリカのレストランで水がほしかった日本人旅行者が,ウェーターに向かって「ウォーター」,「ウォーター」と言ってみたがいっこうに通じない,いったい自分の習ってきた英語はどうなっているのか,という類のものである。

　　いやぁ,困りましてね。いくら「ウォーター」と言っても通じないんですよ。身振り手振りで何とか分かってもらえましたが,向こうでは水を「ウォーター」とは言わないんですな。なんと発音するかというと,それが「ワーラー」なんですよ。全然違うんです。これにはびっくりすると同時に,がっくりもしましたよ。

そして，そのような人の中には，自分の発音がまずいことを，下手をすれば，学校での英語教育のせいだと言う人がいないとも限らない。これだけ英語を勉強してきたのに，レストランで水もろくに注文できないなんて，あまりにも歯がゆい屈辱的な思いをしたということになるであろう。これは決して自慢話ではない土産話ではある。

ただ，それにしても，今の学校での英語教育の成果で，次のように言うことは十分に可能であろう。

(1) Give me some water, please.（水を少しください）
(2) I'd like a glass of water, please.（水をグラスに一杯ください）

どう考えても，この程度のことが言えないことはないはずである。

さて，前口上が長くなってしまったが，この water については，『ジーニアス英和大辞典』（大修館書店）にそのアメリカ発音は /wάṭɚ, wɔ́ː-/ とあるので，アメリカ音を採用するなら /wάṭɚ/ で（も）よいはずである。そのことから，まず前半の「ワー」の部分はあっけなく説明ができるのである。

ちなみに，これが「ワラ」と短くならないで，「ワーラー」と長めになるのは，実は音節数が少ないことや，音節が有声音で終わっていることなどが関係している。そのことはたとえば boy というのはやはり「ボイ」とはならずに，自然に「ボーイ」となることからも理解できるであろう。

ただ，それにしても，この辞書では /ɑ/ の発音が認められているが，筆者は実は今までこの母音は普通には /ɔː/ と発音されるものとばかり思っていた。そして，実際のところ，大部分の日本人は同じようにそう思っているのではないだろうか。だからこそ，「ウォーター」と発音するのである。辞書に /ɑ/ の発音が認められているのであれば，wa- の部分は，文字通り，「ワー」のように発音してよいのであり，そのように発音することはむしろ自明のことになるであろう[3]。

そして，後半の -ter，つまり「ラー」の部分についてはアメリカ英語の t-sound に留意する必要がある。実はこれもなかなかの曲者なのであ

る。

　アメリカ英語の /t/ 音にはかなりの変異音があることを承知しておくべきである。しばしばそれは「ら行」音ないしは「だ行」音（またはその中間）に聞こえるものである。What is it?, getting, got it などは，アメリカ英語の発音ではしばしば「ソリズイト」「ゲリング」「ガリット」のように響くわけで，better なども「ベラー」あるいは「ベダー」に聞こえても不思議ではないのである。かくして，/t/ 音が「ら行」音ということなら，-ter の部分も「ラー」のような発音であることが容易に了解できるであろう[4]。

　こう考えれば，water は「ウォーター」ではなく，「ワーラー」あるいは「ワーダー」に近いものであることが十分に納得できるはずである。

5.2　アメリカ英語の発音の特徴——イギリス英語との違い

　さて，次にアメリカ英語とイギリス英語の中で，一般的で重要な相違点を整理してみよう。それについては，細かいことは別にすれば，次のようにまとめることができるであろう。[cf. Alexander (1940), Swan (1995[2])]

〈1〉　子音（またはそれに関連する場合）
　(a) r-sound の扱い方
　まず，主な違いのひとつは r-sound の扱い方にある。イギリス英語では，car, fir あるいは card, first などのように，語尾または他の子音の前では r は完全に失われていると言ってよい。したがって，イギリス英語で r が発音されるのは母音の前だけである。つまり，たとえば次のように，後続の単語が母音で始まる場合が唯一の場合である，ということである。

　(1)　Get the *car*. (no *r*)
　(2)　The *car* is ready. (*r* pronounced)

　ほかの例で言えば，たとえば never better の場合は，後に子音が続い

ているので，イギリス英語では /r/ は発音されないが，never again のような場合は /r/ が発音されるため /nevər əgen/ となる。大部分の人はこの発音，つまり一種のリエゾンである "linking r" を用いるのである。したがって，カタカナ式で言えば「ネバラゲン」のようになる。ちなみに，moreover はどう発音するかを考えてみてほしい。ここでもイギリス英語の "linking r" は用いられると見てよいであろう。

一方，アメリカ英語では r はどの位置でも発音される。そのために，直前の「母音の質」(quality of a vowel) が変わると言わなければならない。すなわち，アメリカ英語では r はまったく失われていないので，その意味では learn, sort, farm などの /r/ についても，米音重視の立場なら，当然，r を響かせるように発音しなければならない。たとえば learn の母音はアメリカ英語では /ɚː/（英音 /əː/）で表される。ちなみに，この r を「母音の後の r」(post-vocalic r) という。

かくして，father と farther の 2 語はイギリス英語では同じ音（同音異義語）であるが，アメリカ英語では異なることになり，同音異義語ではないのである。

(b) 英 /juː/ vs 米 /uː/ ── new(s), student などの発音

new(s), student などのいくつかの単語では，アメリカ英語では /uː/ となり，イギリス英語では /juː/ となる。アメリカ英語ではしばしば /j/ がないのである。この音は /i/ の口蓋音化の進んだ半母音であり，一種の摩擦音である。これにはほかに duty, tune などがある。これらは多くの場合，th, d, t, n の後に u または ew がくる単語である。

(c) 英 /w/ vs 米 /hw/ ── which と witch などの区別

もう 1 つの違いは，たとえば which と witch などのように，語頭の w, wh はイギリス英語ではいずれも /w/ で，両者の区別がないが，アメリカ英語ではそれらは一般に異なる音であるとされる。不思議なことに，wh- の綴りが，発音上は逆転して /hw/ となるのである。逆に言えば，イギリス英語では /h/ が落ちるということである。ただし，この区

別は以前のもので，現在ではアメリカ英語でも / h / は脱落する傾向にあるようである。ちなみに，日本語では white は「ホワイト」であって，「ワイト」では何のことか分からないであろう。

　(d)　アメリカ英語では t と d はどちらも同じ音か
　アメリカ英語では t と d は，母音の間ではどちらも「軽い有声の発音」(a very light voiced pronunciation) であり，/ d / と発音される。したがって，たとえば writer と rider などは「同じに聞こえる」(can sound the same) ので，区別はできないのである（もちろん，イギリス英語ではまったく別の音である）。
　このことから，先に見た water は「ワーター」とも「ワーダー」とも聞こえるはずであることが分かる。

　(e)　英 / ail / vs 米 / l / ―― fertile，reptile などの発音
　イギリス英語では，fertile, reptile, missile, senile などのように，強勢のない -ile で終わる単語は / ail / であるが，アメリカ英語ではそのような（いくつかの）単語では単に / l / と発音される。

〈2〉　母音（またはそれに関連する場合）
　(a)　英 / ɑ: / vs 米 / æ / ―― pass，laugh などの発音
　まず第一の著しい特徴は pass, laugh, bath, plant, half などの母音である。これはいわゆる "broad a" と呼ばれる / ɑ: / である。アメリカ英語では原則的に短母音の / æ / が対応する。これは俗に "flat a" と呼ばれている。これにはほかに after, fast, class, can't などがある。

　(b)　英 / ɔ / vs 米 / ɑ / ――「オ」か「ア」か
　もう1つの違いは，"short o" の音にある。not, block, rod などに見られる音である。これはアメリカ英語では「非円唇母音」(unrounded vowel) の / ɑ / である。カタカナでは「ア」となるであろう。一方，これはイギリス英語では「軽い円唇化」(slight lip-rounding) を伴う

/ɔ/ である。

そうすると，アメリカ英語では Tom, John, Bob などの名前も（カタカナ式では）「タム」「ジャン」などとなってしまうが，我われには「タム」ではなかなか Tom をイメージできないのではないだろうか。

そのほか，アメリカ英語の /ɑ/ には注意が必要で，たとえば soccer は「サッカー」でよいし，Hollywood は「ハリウッド」のままでよい。しかし，もし locker を「ロッカー」ではなく「ラッカー」と発音されると（日本語では）戸惑いが生じるかもしれない。また，A-bomb などにしてもアメリカ英語の「エイバム」ではなく，つづり字につられてむしろ「エイボム」となるのが普通であろう。あるいは cannot などでもアメリカ英語では「キャノット」ではなく，「キャナット」となり，Let's not. なども「レッツナット」となるはずである。I put the book *on* the desk. のような前置詞さえ「アン」となるのである。日本語のカタカナ表記ともからんで，この「オ」か「ア」かの問題はかなり混乱しているため，すべてを一律に切り替えるのはなかなか難しいことであろう。ただし，普通は教室ではアメリカ音を採用しているのだから，（まだ切り替えのできていない人は）/ɑ/ に慣れる必要はあろう。

以上のように，日本人学習者にとってこの /ɑ/ または /ɔ/ の指導はかなり大きな問題点であろう。アメリカ英語の /ɑ/ を指導する場合でも，綴りの上では "o" であるから，ローマ字読みをすれば /ɑ/ よりも /ɔ/ に親しみを感じてしまうという問題点もある。我われは何となくカタカナ式というか，イギリス発音に近くなっている部分も少なくないのである。それに日本人の英語は，この両者がいわばチャンポンになっているところが問題であるから，英米いずれのモデルを用いるにしても，指導する以上は一貫した指導が望まれよう。

(c) 英 /əʊ/ vs 米 /oʊ/

go, home, open などに見られる "long o" については，イギリス英語では /əʊ/，アメリカ英語では /oʊ/ であるが，この 2 つの母音は大変異なって聞こえる。たしかにそれは事実である。実際，イギリス英語の

Oh, no. I don't *know.* などの / əʊ / は独特とも（あるいはちょっとキザとも）言えるくらいに響くであろう。

 この「二重母音」(diphthong) はなかなか難しい音であるが，実は Jones (1963[12]) までは / ou / であり，Jones (1967[13]) では / əu / となり，さらに Jones (1977[14]) では大胆に / əʊ / となったものである。

 これに関連して，かなり以前の記述でも，たとえば O'Connor (1967) に見られる / ou / の説明は次のようなものであった。

> To get / ou / as in / sou / *so*, start with / sə: / and then glide away to / u / with the lips getting slightly rounded and the sound becoming less loud as the glide progresses. Be sure that the first part of the diphthong is / ə: / (a real English / ə: / !) and not / ɔ: / or anything like it, and be sure that the sound *is* a diphthong, not a simple vowel of the / ɔ: / type.
>
> —— O'Connor (1967: 107-108)

 この二重母音はイギリスでは，以前から / ə:u / のような発音なのである。かつて，boat は「ボート」ではなく，「ボウト」であるというような指導を受けたことが懐かしく思い出されるが，それは今となってはむしろアメリカ英語に近いと言うべきなのかもしれない。

 (d) イギリス英語の短母音 / ɒ /
 イギリス英語にはアメリカ英語よりもひとつ多くの母音がある。それは唇を丸くして発音する "short o" (/ ɒ /) で，cot, dog, got, gone, off, stop, lost などに使われる。これは唇を丸めて「オ」の口構えで，口をかなり開けて「ア」と発音すると（あるいはその逆の口構えで発音すると）それに近い音が出せるであろう[5]。

 アメリカ英語ではこれらは（father などの） / ɑ / か，または（caught などの） / ɔ: / と発音される。かくして，dog はアメリカ英語では / dɔ:g / または / dɑg / となる。

以上，イギリス英語とアメリカ英語のいくつかの問題点ないしは発音の違いを筆者なりにまとめてみた。

6. むすび

　以上，発音指導の基本点と留意点について述べてきたが，正しく美しい発音は英語に限らずとても気持ちのよいものであるし，生徒にはそのような英語らしい発音をぜひとも身につけさせたいものである。そして，現在の日本ではアメリカ式の発音がもちろん主流ではあるが，伝統的にはイギリス式の発音で指導されてきた経緯もあり，先にも指摘したように，指導に当たってはイギリス英語とアメリカ英語とを混合しないような一貫した指導を意識的に心がける必要があるのではないかと思われる。

注

1) 声門破裂音というといかにも難しく感じられるが，実は筆者自身もこの意味というか音声が具体的にどのようなものであるのかを理解するのにいささか手間取ったという記憶がある。声門閉鎖は日常的には，腹筋運動をするとき，あるいはレントゲンの撮影をするときに「はい，息を吸って，はい息を止めて」と言われて息を止めるとき，そのようなときに声門閉鎖は確実に起こっているのが実感されるはずである。声門閉鎖は力を入れると自然に起こるのである。日本語でも「あっ，危ない！」と叫ぶようなときには，この音が（いくつか）入っているのである。
2) この問題については，小寺 (1986: 211-222) を参照。
3) なお，その母音が /ɔː/ で発音されたとしても，それはアメリカ英語の発音であり，我われがふつうに抱いている /ɔː/，つまり「オー」というイギリス英語の発音ではないのである。この同じ /ɔː/ という記号で表される母音であるにもかかわらず，実は英米ではかなり差のある音であり，アメリカ英語のそれはかなり（後述）/ɒː/ に近いものであることに注意が必要であろう。[cf. Swan (1995[2]: 44)]
4) t-sound については，そのほか center, twenty のような場合にはむしろ

/t/音は脱落して「セナー」「ツゥウェニー」のように響く。さらに writer のような場合には，後でも見るように，「ライダー」と聞こえるので，rider との区別がつかないということになる。これらの異音にも注意が必要である。

5) ただし，これは従来は（あるいは今でも）/ɔ/ に対応する音である。これを認めればイギリス英語にはひとつ多くの母音があるということにはなるが，その場合には /ɔ/ は使用しないことになる。この新しい記号を英語教育の中で用いるかどうかの判断も微妙なところであるが，むしろ発音記号としては今まで通りに /ɔ/ を使用して，口をさらにやや開き気味に発音するとよいとも考えられる。なお，この発音は綴り上は "o" であり，その実際の音色としては，喉の奥から発するような感じの「オ」に近いものであることを確認しておきたい。

参考文献

Alexander, H. (1940) *The Story of Our Language*. New York: Thomas Nelson and Sons. [Anchor Books Edition, 1969]

Gimson, A.C. (1962, 1970², 1980³) *An Introduction to the Pronunciation of English*. London: Edward Arnold.

Jones, D. (1917, 1963¹², 1967¹³, 1977¹⁴) *Everyman's English Pronouncing Dictionary*. (Completely revised by A. C. Gimson) London: Dent.

───── (1918, 1960⁹) *An Outline of English Phonetics*. Cambridge: Heffer / Cambridge University Press.

開隆堂（1992）*Sunshine English Course 2*. ［平成5年度版］

Kenyon, J. S. and T. A. Knott (1944, 1953⁴) *A Pronouncing Dictionary of American English*. Springfield, Mass.: Merriam.

小西友七・南出康世ほか（2001）『ジーニアス英和大辞典』，大修館書店

─────────── （2002）『CD-ROM版ジーニアス英和大辞典』，大修館書店

小寺茂明（1986）『英語教育と英語学研究』，山口書店［絶版］

太田　朗（1977）『英語学と英語教育をめぐって』，ELEC.

O'Connor, J.D. (1967, 1980²) *Better English Pronunciation*. Cambridge: Cambridge University Press.

Swan, Michael (1980, 1995²) *Practical English Usage*. Oxford: Oxford University Press.

より進んだ読者のために

桝矢好弘 (1976)『英語音声学』, こびあん書房

O'Connor, J.D. and G.F. Arnold (1961, 1973²) *Intonation of Colloquial English*. London: Longman.

Pike, K.L. (1945) *The Intonation of American English*. Ann Arbor: The University of Michigan Press.

Prator, C.H. (1951, 1972³) *Manual of American Pronunciation*. (Revised by B. W. Robinett) New York: Holt, Rinehart and Winston.

Takeda, Katsuhiko (ed.) (1967) *A Common Language—British and American English*. Tokyo: Kenkyusha.

Wells, J.C. (1982) *Accents of English 1-3*. Cambridge: Cambridge University Press. [Vol.1 "An Introduction," Vol.2 "The British Isles," Vol.3 "Beyond the British Isles"]

その他, 最終章 (11章) で言及する音声学関係の書物を参照のこと。

研究課題

(1) 日本人にとって苦手な英語の発音にはどんな音があるか調べてみよう。

(2) 英語の綴りと発音の関係には悪名高いほどずれや例外が少なくないが, そんな中でも規則性は十分に存在すると考えられる。綴りと発音との関係の規則性について調査してみよう。

(3) 発音記号の扱いについては, 中学校の英語教育に必要かどうかをめぐって賛否両論がある。EFL (English as a foreign language) 学習者としての日本人に必要か不要か, グループで意見交換して問題点を整理してみよう。

(4) 現行の中学校英語教科書を比較検討しながら, 英語のリズム, イントネーション指導上の問題点やポイントを整理してみよう。

(5) アメリカ英語とイギリス英語では発音上どのような違いがあるか確認しよう。また文法上, 語彙上の違いについても調べてみよう。

(小寺茂明)

第5章

リスニングと
その指導法

1. リスニングにおける場面と機能の重要性

　日本語を母語とする我われにとって，英語のrとlの音声識別は，苦手とするもののひとつである。昔から英語の発音・リスニングのハウツーものが，非常に多く出版されているが，そのなかの典型例として，次のようなものがある。

(1) We eat rice. / We eat lice.

　この例は，「米を食べる」ところを，「しらみを食べる」と誤解されてはたいへんなので，rとlは，しっかりと区別して発音せねばならない，と教えるものである。
　しかしながら，We eat rice という発話が，何の脈絡もなく発せられることは，普通ありえないといえる。この文が発せられる状況としては，例えば，日本の食文化を話し合っている場面が考えられる。そのような場合，たとえ rice を lice と発音してしまっても，聞き手は状況から，rice であると理解できる可能性が高い。このように発話は，それが発せられる状況と不可分なので，音声は，単なる自律的な記号と考えるのではなく，その状況のなかで解釈されねばならない。この例では，たとえ相手が lice と発音しても，rice であると判断せねばならないということである。
　上の文はまた，食卓でパンにするかライスにするかを尋ねられた場合の答として発せられることもあるだろう。このような場合，話し手は「私

は，米を常食としている」と言いたいのではなく，「（パンではなく）ライスが欲しい」という，依頼を表現していることになる。聞き手はこのような発話の機能をも理解せねばならない。現在の英語教育では，このようなリスニング能力の育成が強く求められているのである。

　本章では，最初にコミュニケーション活動としてのリスニングを概観した後，中学と高校でのリスニングとその指導に進み，特に意味論や語用論等，言語の様々な側面や，言語能力以外の人間の能力を活用した，トップダウン的なリスニング能力の養成を論じる。したがって，ここでは単音，音連続などの音声学的な，いわばミクロ的な意味でのリスニングではなく，ストラテジーとしての，いわばマクロ的な意味でのリスニングを扱うものである。

2. リスニング活動

2.1　一般的なリスニング観

　我われは，ともすればリスニングを受動的な活動であると考えがちである。すなわち，聞き手は，流れてきた音を聞き取り，それを時間軸に沿って，語，句，節というような大きな単位に拡大しながら，解釈していくというものである。例えば，[mai mʌ́ðər bɔ́:t ə kʌ́pl əv ǽplz ət ðə súːpərmɑ́ːrkit] という音声連続が与えられると，[mai] を聞いて，これを頭のなかで'my' という意味に結びつけ，さらに [mʌ́ðər] を聞いてこれを 'mother' という語に結びつける一方で，先ほどの my とこれを合わせて，これらが，my mother という名詞句を形成すると解釈する，という具合である。さらに a couple of apples や at the supermarket は，文法的にまとまった単位を形成し，さらには，my mother は，この文の主語であり，a couple of apples は bought という動詞の目的語であるという具合に，単音という最小単位から，だんだんと文をくみ上げていくわけである。もしリスニングが，このようなボトムアップ的な活動であるとすると，単音の聞き取りに失敗した場合，その音の含まれる語が何であるかわからなくなる可能性があり，それが，ひいては文全体の理解に影響

を及ぼすことになってしまう。しかしながら，実際のリスニングは，このような，いわば暗号をひとつひとつ解読していくような活動ではなく，もっと能動的かつ積極的な活動であるといわれている。それでは何が「能動的・積極的」なのかを次のセクションで考えてみよう。

2.2　能動的な活動としてのリスニング

　我々が発話を理解する場合，上でみたようなボトムアップ的な解析以外に，多くの手がかりが存在する。例えば，He turned in a research paper three days ago.という文では，ago を聞き損なったとしても，turned の過去形接尾辞を聞き取れていれば，少なくとも three days が過去と関係のあることがわかるのである。（また逆に turned の過去形接尾辞を聞き損ねても，three days ago が聞き取れれば，当然 turn in したのは，過去のことであることがわかる。）また bank には，名詞と動詞があり，それぞれに辞書的な意味が複数あり，語が単独で発音された場合には，意味は予測できないが，We banked all we had. という文で，banked という過去形の接尾辞を聞き取ることができると，bank は動詞であり，「預金する」という意味であることがわかる。

　さらに例をあげよう。代名詞は，普通は「弱形」（weak form）で発音されることが多く，聞き損じることも多い。しかしながら，John gave her a nice present. という文において，弱形の her を聞きそこなっても，give という動詞は，SVOO の文型をとることがあるという知識があれば，John から a nice present が「誰かに」わたったという，大きなヒントが与えられることになる。このように，我々は語の形や，文法情報などをヒントにして，聞き取れなかった情報を補っているのである。このようなヒントを，「形態・統語的手がかり」（morpho-syntactic cue）と呼んでおく。

　手がかりは語形や文法だけにとどまらない。例えば Harry drank a (　　) of water. において，かっこの部分が聞けなくとも，drank, water という語のもつ意味から，かっこ内は何らかの容器であることが推測できるはずである。また，Fortunately, he (　　) the exam. のか

っこの部分は，fortunately という文副詞の意味から，試験では良い結果が得られたということが推測できる。これとは逆に，In spite of his effort, he (　) the exam. ならば，in spite of のもつ譲歩の意味から，結果は思わしくなかったのだ，という意味が導かれるはずである。このようにリスニング活動には，「意味的手がかり」(semantic cue) も大きく関係する。このように我われは，さまざまな手がかりから，聞き取れなかった音や語などを埋め合わせているのであり，その意味でリスニングは，トップダウン的な要素を含んだ，能動的・積極的な活動といえる。

　また発話には，このような手がかりが，複数存在する場合が多い。これは，リスニングにおける「余剰性」(redundancy) と呼ばれる。普通，人間の自由発話では，教科書の英文のように無駄を省いた，完全な文が発話されることはむしろまれであり，同じ意味のことが繰り返されたりすることが多い。つまり，発話が自然であればあるほど，理解を助ける手がかりも多くなるのである。

3. 語用論とリスニング

3.1 コミュニケーションの場面と機能

　前節では，リスニングが，音声，形態，統語，意味という，言語のすべての面に関わる総合的な活動であることを述べた。しかしながら，リスニングには，（記号としての）言語を超えた分野が大きく関係している。それが「語用論」(pragmatics) と呼ばれる分野であり，これこそが最近の英語教育で，きわめて重要視されているものである。

　語用論とは，言語が実際にどのように使用されるかを研究する領域である。例えば，もし教室で教師が，Look to the right. と生徒に指示したら，生徒のなかには，どちらを見てよいかわからず，とまどう者もいるかもしれない。なぜなら，それが教師から見て右なのか，生徒から見て右なのかがわからないからである。このケースでは，コミュニケーションの失敗の原因が，Look to the right. という文そのものにあるわけではない。この文は統語的にも，意味的にも何ら問題はないのである。問題はむし

ろ，話者と聞き手の空間的な位置関係が明らかになっていないことに起因しているのである。このようにコミュニケーションは，言語が使用される場面が非常に重要である。

コミュニケーションでは，文の機能もまた重要である。次の文を見てみよう。

(1) Close the door.
(2) Will you close the door?
(3) Won't you close the door?

Lakoff (1973) によると，これらの文は，下にゆくほど丁寧さの度合いが高くなるという。それはなぜか。最初の命令文は，文字通り「命令」であり，聞き手に有無をいわせない。それに対して2番目の文は，疑問文であり，聞き手が話し手に，ドアを閉めてくれる気があるかどうかを尋ねる形となっている。つまりドアを閉めるかどうかの決断は，聞き手にゆだねられていることになり，聞き手にノーという可能性を残していることになる。だから最初の文より丁寧なのである。

さて，一般的に疑問文においては，肯定疑問文では，相手からの答としては，肯定と否定どちらも返ってくる可能性があるが，否定疑問文では，否定の答が返ってくることを予想して尋ねるのが普通である。すると3番目の否定疑問文は，初めから相手がノーと答えることを前提としており，たとえ聞き手が断っても，断ることによる精神的な負担は感じないということになる。だから3番目の文がもっとも丁寧なのである。このように丁寧さの度合いは，聞き手の側に，選択や拒絶の余地や自由が多ければ多いほど，高くなるということがわかる。

さてこの3つの文で，あとの2つは疑問文であるが，別に相手に対して何か情報を求めているわけではなく，機能としては，何かしてくれと「依頼」しているのである。このように考えると，I'd appreciate it if you would close the door. などの平叙文も同様に依頼機能をはたすことになり，文の形式と機能は一致しない場合があり，それが使用される場面によ

って，どのような機能をはたしているのかが重要になってくる。

　もうひとつ例を考えてみよう。教室で試験がおこなわれており，その終了時間が 10 時 30 分であるとする。このような状況で，試験監督の教師が，Do you know it's already ten thirty? と言った場合，受験している生徒の誰も，Yes, I do. や No, I don't. とは答えないであろう。教師は生徒に今 10 時 30 分であることを知っているか否かの答を求めているのではなく，終了の時間がきたので，答案を提出するという行為を要求しているのである。このようなケースを「間接発話行為」(indirect speech act) というが，重要なのは，ここでは，I want you all to hand in the exam paper. という明示的な要求の発話はいっさいなされていないことである。すなわち，聞き手は発話を聞いて，それがなされる場面から話者の意図を読みとらねばならないわけである。このようにリスニングにおいては，明示的に言葉に出して言われないこと，いわば言外の意味をも「聞き取る」ことが要求されるのである。これは前節で議論した，余剰性とは反対の現象ともいえる。言語は，必要にして十分な情報だけを聞き手に伝えるわけではない。時には十分すぎる，余分な情報を伝えたり，また時には聞き手が補わなければならない不十分な情報しか伝えないのである。

3.2　学習指導要領のなかの場面と機能

　このような言語使用の実際の場面と機能が，中学校と高等学校の英語教育では重要視されるようになってきた。例えば平成 10 年 12 月の文部省中学校学習指導要領においては，英語の聞くことに関する具体的な目標を，「英語を聞くことに慣れ親しみ，初歩的な英語を聞いて，話し手の意向などを理解できるようにする。」とした上で，さらに，「…「聞くこと」では，単に英語を聞いて，表面的な意味を理解するだけでなく，話し手の意向などを理解できることを重視している。」と補足している。この「表面的な意味ではなく，話し手の意向」という文言は，語用論的な知識をふまえたリスニング活動に他ならない。学習指導要領ではさらに，聞くことの言語活動のひとつとして，「質問や依頼などを聞いて適切に応じること」を挙げて，その説明のなかで，「例えば，Do you have a watch? という

問いかけに対して，Yes や No で答えたり，場面や状況によっては，Well, it's about noon. など相手の意向を汲んで時刻を教えるなどの応答をすることである。また，Will you open the window? のような相手からの問いかけに対し，実際に窓を開けるという動作に移したりすることである。」という例をあげている。

また平成 11 年 12 月の高等学校学習指導要領においては，外国語科の目標のひとつに，「外国語を通じて，情報や相手の意向などを理解したり自分の考えなどを表現したりする実践的コミュニケーション能力を養うこと」とした上で，この実践的コミュニケーション能力の説明に，「この『実践的コミュニケーション能力』を養うには，生徒が実際に情報の受け手や送り手となってコミュニケーションを行う活動が必要である。また，そのような活動を行う際には，言語の使用場面や働きを有機的に組み合わせることにより，活動を実践的なものとすることが重要となる。」と書かれている。この「言語の使用場面と働き」も，中学校で学んだ，語用論をふまえたコミュニケーション能力をさらに発展させるものであると考えられる。学習指導要領では，個人的なコミュニケーションの「場面」の例として，電話，買い物，家庭，学校，手紙といった，具体的な例があげられているが，「そこには，ふつう，人との関係を円滑にしたり，気持ちを伝えたり，相手の行動を促したりするといった，身近な言語の働きが含まれている。」と言語の機能を強調しているのである。

このような「言語の使用場面」や「言語の働き」は，この年度の学習指導要領の変更点の重要な項目であるが，これは英語教育において，言語の形式面のみならず，言語の機能面がますます重要視されてきたことの現れであろう。さて次節では，この語用論に基づくリスニングの指導について考える。

3.3 語用論に基づくリスニングの指導

これまで述べてきたように，コミュニケーションにおいて重要なのは，話者がどのような意図をもって発話しているかを知ることである。指導のひとつとして，発話の表面的な形にとらわれずに，話者の意図を考えさせ

る指導が考えられる。次にいくつか例をあげてみよう。

(1) Mother: It's eleven now, and you're still watching TV. Didn't I say you should go to bed by ten?
　　Son: I'm sorry, Mom.
(2) A: It's getting cloudy. It may rain pretty soon. Do you think we'd better give up playing tennis today and play tomorrow, or should we take a chance?
　　B: Well, I'll be busy tomorrow.
(3) Host: Please help yourself to the salad.
　　Guest: Oh, thank you, but I'm full. Really.

最初の例では，母親が息子を叱責しているが，使用されている文は，疑問文である。ここでは，息子の，I'm sorry から母親の意図を理解させる。2番目の例は，Bの「明日は忙しい」から「今日テニスをしたい」という答をAに返していることを聞きとらせる。最後の例は，もっと複雑である。これはイントネーションによって，発話意図が異なってくる可能性があるものの，表面的な解釈としては，客が満腹で，これ以上食べられないと断っていると受け取れる。しかしながら，もうひとつの解釈として，客は満腹ではないが，（サラダがおいしくない等の理由で）食べたくないという可能性もある。この例は，発話と話者の意図の間に存在するデリケートな関係を，生徒に考えさせることができるであろう。

発話はまた，それが発せられる場面と切り離して考えられない。今度は，発話から，その場面を考えさせる指導が考えられる。これもいくつか例をあげてみよう。

(4) A: Excuse me. Do they sell anything to eat on the train?
　　B: I don't think so. You should buy something before you get on. There's a kiosk over there.
(5) A: May I help you?

B: I'm afraid I have a cold. I have a runny nose and a sore throat.
   A: OK. Take this three times a day. For four days.

　これらの例では，会話がどこでおこなわれているかを考えさせる。最初の例では，たとえkioskという語の意味がわからなくても，「列車に乗る前に買わなければ，車内では売っていない」という部分から，駅構内であることがわかるであろう。2番目は，風邪をひいた人間に，1日3回，4日間何かをtakeせよ，と言っているのであるから，目的語が指示代名詞であっても，それが風邪薬であることが推測できようし，風邪薬を手に入れる場所は，薬局であることがわかるはずである。ちなみに，このように会話の場所を問う問題は，様々な英語資格試験・検定試験などにも，多く見られる。
　次の例では，話者と聞き手がおかれている状況を考えさせる。

(6) A: Water is leaking from my ceiling. Do you have some trouble with your bathroom?
    B: Really? I haven't noticed anything.

　Aは，部屋に水が漏れてきており，その原因がBのバスルームにあると，苦情を言っているのである。しかも，Aは天井から水が漏れてきていると言っているので，AはBの階下に住んでいることが推測できる。このように，さらに一歩踏み込んで，会話の状況を考えさせることができる。さらにもうひとつ例を考えてみよう。

(7) Mary: Tony, here's something for you.
    Tom: Thank you, Mary. What's this? Oh, it's a watch! Mary, it must be very expensive. I can't thank you enough.
    Mary: You missed your birthday last year, when you were

in hospital.

　この例では，MaryがTonyに腕時計をプレゼントしている。何のためのプレゼントなのか，そしてなぜこのような高価なものをプレゼントするのかが，会話を理解する上で問題となる。最後のMaryの，「昨年は，誕生日に入院していた」から，2年分の誕生日のプレゼントとして，高価なものをプレゼントしていることが理解できよう。
　最後に，難しい例をあげて，このセクションを締め括りたい。

(8) A: I've got a problem. I borrowed some money from John and I forgot I have to pay it back to him by tomorrow. I'm afraid I can't.
　　B: How much do we have to pay?
　　A: Three hundred dollars.

　この例では，BのHow much do we have to pay?を聞くと，借金があるのは，A，B両人であるように思えるが，よく考えてみれば，もしBも借金にかかわっていれば，Aはこのように事情を打ち明ける必要がなく，またBも，金額をたずねることもないはずである。このweは，しばしば「親心のwe」(Paternal 'we')と呼ばれるもので，相手に親しみの気持ちを込めて（典型的には，親が子供に，あるいは医者が患者に対して），youと言うべきところを，weと言うものである。このケースでは，文脈からこのweが相手を指すことを聞き取らねばならないし，もし聞き取ることができれば，BはAに対して，思いやりの気持ちをもっていることがわかろう（ただし，この「親心のwe」は，時に皮肉に用いられることもあるので，発話の状況にはいっそうの注意をはらわねばならない）。

4. 「すべてを聞き取らない」リスニング
4.1 概要と要点を理解するリスニング

　英語のリスニングにおいて，我々は一字一句たりとも聞き逃すまいとして失敗する場合が多い。途中で知らない単語や表現に出くわし，それに気をとられている間に，話は進んでゆき，結局肝心なところを聞き落としてしまうケースが多かろうし，またリスニングテストなどのように，心理的な負担の大きい場合は，聞けなかった部分があるという事実に圧倒されてしまい，パニックに陥り，結局は聞くことのできる部分すら聞けないということもある。

　ところが，すべてを完全に聞き取ろう，という考え方は，実は非常に不自然なものである。我われが，母語である日本語でどのような聞き取り活動をおこなっているかを考えてみよう。すると，聞き取り活動は，大きく2種類に分かれることがわかる。ひとつは，あらかじめ知りたい特定の情報がない場合である。例えば，今日どんなニュースがあったのか知りたいと思って，テレビやラジオのニュースを聞くような場合がこれに相当する。この場合には，ニュースを詳細に至るまですべて聞き取ろうとはせずに，その概要だけを知ろうとするであろう。ふたつ目は，あらかじめ知りたい情報があって，それを聞き取ろうとする場合である。例えば，台風が来襲して，暴風警報が発令された場合には，休校になる学校が多いが，そのような時に，自分の居住している地域に，暴風警報が出ているかどうかだけを，ニュースで知ろうとするようなケースがこれにあたる。この場合は，無関係な部分は無視して，警報や注意報に関する部分のみを集中して聞くことになる。

　我われは，上記の2種類の聞き取り活動のいずれにおいても，一言一句にいたるまで，すべてを聞こうとしているわけではないことがわかる。そして，これは英語のリスニングにおいても同じことなのである。実際，中学校学習指導要領（平成10年12月）解説には，「聞くことの言語活動」の（イ）に，「自然な口調で話されたり読まれたりする英語を聞いて，具体的な内容や大切な部分を聞き取ること。」とあるが，この「大切な部分

を聞き取ること」とは，「話し手の考えについての中心となる部分を捉えて理解すること」であるとの説明があり，また高等学校学習指導要領解説（平成11年12月）には，英語Ⅰの言語活動の（ア）に，「英語を聞いて，情報や話し手の意向などを理解したり，概要や要点をとらえたりする。」とあるが，その解説には，次のように書かれている。

　　教師や他の生徒による発話や，テレビやラジオ，ビデオなどの様々な音声教材を聞いて，（中略），目的に応じて概要や要点を適切に把握することを指導する。ここでの「概要」とは，話のあらすじなど，おおよその内容や全体的な流れのことであり，「要点」とは，聞き落としてはならない重要なポイントのことである。

これらは上記の2種類のリスニングのことを指しており，学習指導要領においても，これらが重要視されていることがわかる。以下では，これら2種類のリスニングについて，その重要点と指導のポイントを考えていく。

4.2　スキミングとスキャニングの指導

　最初に，話を聞いて，全体の内容の骨子だけを理解しようとするリスニング法を，「スキミング」（skimming）という。前節で述べた，最初のリスニング方法である。生徒の多くは，リスニングとは一語一句すべてを聞き取ることであると信じている。スキミングの指導では，最初にこの呪縛から生徒を解放してやらなければならない。まず人間の発話のなかで，かなりの部分が，話の要点には直接関係がないことを，日本語の例をあげて説明するとよい。例えば，「えー，皆さんおはようございます。えーと，今日は天気予報によると，えー，午後から雨が降るということなので，集会は外ではなく，えーっと，体育館でおこないます。」という実際起こりえる，65文字からなる発話では，話の要点は，「集会は体育館でおこないます。」というわずか13字でしかない。そして，「天気予報」の部分は，結論に至った理由の説明であり，このように，論拠を固めるために理由を述べたり，説得力をもたせるために，具体例をあげることが多い。生徒に

は，「集会は体育館でおこなう」と「天気予報では午後は雨である」の2つの部分で，聞き逃すと致命的なのはどちらかを考えさせる。この点ではリーディングとの平行性が見られるが，書きことばと違って，話しことばでは，要点にはまったく関係のない挨拶や，「えーっと」のような，つなぎ文句（filler）も，実際の発話には，意外と多い。これらを説明し，最低限聞き取らねばならない部分は，案外少ないことを納得させる。その上で，具体的な指導に入るとよい。

　スキミングにおいては，キーワードとキーセンテンスを聞き取ることが非常に重要となってくる。これを説明するために，次の例のように，比較的全体として意味がまとまった，簡単な英語のパッセージを何回か聞かせてから解説に入る。

　　Only humans have language. Dogs bark and birds sing, but these are not language. Dogs can't talk about something which happened yesterday. Birds can't talk about something which will happen tomorrow. Only humans have language, and so it is very important.　　　　　　（*Tomorrow English Course I*, p.8）

　この一節では，人間だけがもつ言語の重要性が述べられている。内容を理解する上で，もっとも重要な語をキーワードというが，この一節のキーワードは，もちろん language である。キーワードはもっとも頻繁に現れるのが普通であり，ここでも3回現れている。そもそも人間の発話においては，話の要点に関する記述は繰り返しなされるのが普通であり，それゆえキーワードも繰り返されることになる。

　また話の結論を端的に言い表している文を，キーセンテンスという。この一節では，Only humans have language, and so it is very important. である。英語ではキーセンテンスが最初か最後に現れることが多いので，リスニングにおいては，最初と最後に特に注意を払うことが必要である。（この場合も，Only humans have language. が冒頭にも現れていることに注意。）この話は，とりあえずキーワードとそれを含むキーセン

テンスを聞き取ることができれば，要点は理解できたことになる。残りの部分では，犬や鳥の産出する音声が，言語ではないことを述べているが，これは比較によって，人間の言語のユニークさを説明しているのであり，結局これは，キーセンテンスへとつながっていくのである。この部分はたとえ聞き取れなかったとしても，要点を聞き逃したことにはならない。

　このように，スキミングの指導では，発話全体のなかで，直接要点に関わる部分は，案外少ないこと，キーワード，キーセンテンスを聞き取ること，そして，話の最初と最後に特に注意することが重要である。

　次に，前節で述べた2番目のリスニング法の指導に移ろう。これは，あらかじめ必要とする情報があり，それのみを聞き取るものであった。これを一般的に「スキャニング」（scanning）と呼ぶ。スキャニングの指導においても，最初に，スキャニングが日常生活で，広くおこなわれている活動であることを，生徒に理解させねばならない。例えば，もし自分がお気に入りのプロ野球チームのナイトゲームの結果だけを，1時間のニュース番組のなかで知りたいときにはどうするかを考えさせて，導入するとよい。当然，1時間番組をすべて見ることはせずに，スポーツのコーナーのみを見ようとするであろう。また天気予報なども好例となる。普通は自分の住んでいる地域の予報だけに神経を集中して聞くだろう。スキャニングの指導では，必要とする情報をあらかじめ与えて，英文を聞かせる。次の例を見てみよう。

　Ladies and gentlemen, your attention please. Welcome aboard Amtrak "Wolverine Express," train number 369 to Toledo, with intermediate stops at Niles, Kalamazoo, Battle Creek, Albion, Jackson, Ann Arbor, Dearborn and Detroit. Our first stop will be Niles, Michigan. We want to ask for your cooperation, ladies and gentlemen. If you have your baggage on a neighboring seat, please put it in the rack overhead for someone else to have a seat. The cafeteria is located in the first car. It is now open and ready for service. We hope you'll enjoy your trip with us by

Amtrak.

　この例は列車の車内でのアナウンスである。指導例としては，「今空腹であるが，どうすればよいか」などが考えられよう。その場合，聞くべきところは，最後のほうの2センテンスにすぎない。このようにスキャニングにおいては，知りたい情報は，ほんの一部で，むしろ「無視」すべき情報が大部分である場合が多い。この「無視」することが苦手な生徒が多いことを，常に念頭におくべきである。

5. 予測や推測能力を使う「総合的な」リスニング
5.1 論理展開のパターンを踏まえたリスニング
　人間は，言語能力以外にも論理的思考力や，推論の能力などももっているし，また過去の経験や既知の知識を利用することもできる。このセクションでは，このような能力を利用したリスニングについて考察する。
　最初に，論理の展開について考えてみよう。我われは，まとまった内容をもつ話のなかで，文がランダムに存在するものと思いがちだが，文と文の間には有機的な関係があり，話は全体として構造をもつ場合が多い。よくあるパターンとしては，最初に，これから語られる話のタイトルや概要を紹介して，話の全体像を与えることが多い。これが導入部である。次に本論として，具体的な例や論拠をあげて，詳しく議論が展開される。最後に，結論が導かれるが，結論部では，それまでの議論を簡潔にまとめたり，要点が繰り返されたりすることが多い。また英語では，最初に結論を掲げて，以下，その妥当性を論じていくパターンも多い。このような展開を知っていれば，たとえ本論の一部を聞き逃したとしても，導入部や結論部に，論旨の要点がまとめられているので，それを聞けば，全体の要旨はわかることになる。ここでも最初と最後に注意をはらうことが重要であるゆえんである。また，このように内容のまとまった話を理解するにあたっては，大きなヒントになる語（句）がある。これらは「談話標識」(discourse marker) と呼ばれる。例えば，話の途中に，by the way という

表現が聞こえたら，これから話題が変わることが「予測」できる。また，however, but, in spite of, on the other hand などは，逆接を表すし，therefore, so, consequently などは，結論を導く。また，first, second (next), ... finally などは，論の展開や，例の導入を順に従っておこなうのに使われる。このような談話標識に注目すると，全体の理解や要旨の把握の助けになる。この論理の展開のパターンを知っておくことと，談話標識に注目することで，聞き取れなかった部分があっても，それを補うことができるのである。それでは次の指導例を見てみよう。

> Good morning. Today I'm going to talk about what is most needed to be a good tennis player. Tennis is a severe sport. During a game, you have to run for a long time, swinging your racket. So you have to have stamina first. Second, you need to move very quickly in the court. These are two basic qualifications. However, they are not enough. Tennis is a 'mental' sport. Sometimes you have to control your temper to cool yourself down. Sometimes you have to encourage yourself not to be overwhelmed by your opponent. Therefore, to be mentally tough is the most important qualification to be a good tennis player.

この例では，最初と最後の部分に注目すると，「良いテニス選手になる資質」が，話のテーマであることがわかる。そして，first, second という順番の談話標識によって，2つの資質が順にあげられていくが，逆接の談話標識 however で，この2つが必ずしも，最終的な結論ではないことが予測できる。そして結論の談話標識 therefore で，精神的強さがもっとも重要な資質であると結論づけられている。ちなみに，キーワード tennis は4回繰り返されて，それを含むキーセンテンスは最後にきている。

5.2 推論能力とリスニング

　人間はまた，話の展開を予測する力をもっている。日常のコミュニケーションでは，我われは，次に話がどう展開するかを，無意識に予測して聞くことが多い。例えば，「父がパソコンを買った。父は機械が苦手である。マニュアルを読むのはもっと苦手である。加えて，父は三日坊主である。」というふうに文が続いてきて，次に「それで父のパソコンは…」とくれば，以下は，「父のパソコンが使われていない」という意味の文が続くことが予測できるはずである。もし英語のリスニングでもこの力を働かすことができれば，聞き取れなかった部分を，予測で補うことができる可能性がある。次の指導例を見てみよう。

　　Terry was on his way to his friend's house. He decided to take a shortcut and walked into a forest. He walked for two hours. He should have reached the destination. He got very tired. It was getting dark. He didn't have a map. He didn't have a flashlight. Now he noticed [　1　]. He felt [　2　].

　生徒には [1] と [2] には，何が入るかを予想させる。このケースでは，スクリプトを与えて聞かせてもよいだろう。この文の展開からすれば，[1] には「道に迷った」(he had lost himself / he got astray) が，[2] には「不安になった」(uneasy)，「泣きたくなった」(like crying) 等，ネガティブな意味をもった文が予想できるはずである。この例は，推測を働かせると，わからない部分を補うことができることを生徒に認識してもらうことがねらいである。

6.　まとめ

　本章では，リスニングの指導に関して，これまでともすれば軽視されてきた点や，新しい学習指導要領で，重要視されている点を中心に論じてきた。「語用論に基づくリスニング」では，聞き手は，コミュニケーション

の場面や機能に則して，言外の意味を補って理解せねばならない。これとは逆に，「すべてを聞き取らないリスニング」では，聞き手は細部にこだわらず，全体の概要を聞き取ったり，自分が求めている情報だけを聞き取ることが要求される。またリスニングは，自律的な言語能力だけではなく，論理的思考力や推論能力などが，その助けになることも論じた。

最後に強調しておかねばならないが，筆者は，ボトムアップ的なリスニングが重要ではないと言っているわけではない。個々の音の聞き取りも重要であるし，本章ではカバーできなかった，発音上の等時性や，音変化現象は，自然な英語の聞き取りに欠かせない要素である。

また教師は，英語の音声について，ある程度体系的な知識をもっていなくてはならない。このための参考書としては，竹林・斎藤（1998）がすぐれている。また生徒指導のヒントになる簡便な一冊として，英語音声学研究会（編）（2003）を推薦しておく。

参考文献

英語音声学研究会（編）（2003）『大人の英語発音講座』，日本放送出版協会
垣田直己（監修）・吉田一衛（編）（1984）『英語のリスニング』，大修館書店
啓林館（1997）*Tomorrow English Course I*.
小池生夫（編）（1993）『英語のヒアリングとその指導』，大修館書店
Lakoff, R. (1973) *Language and Women's Place*. New York: Harper & Row.
竹林滋・斎藤弘子（1998）『英語音声学入門』，大修館書店
竹蓋幸生（1984）『ヒアリングの行動科学　実践的指導と評価への道標』，研究社出版

より進んだ読者のために

Anderson, A. and T. Lynch (1988) *Listening*. London: Oxford Univ. Press.
Richards, J. C. (1983) "Listening Comprehension: Approach, Design, Procedure," *TESOL Quarterly*, Vol.17, No.2, pp.219-240.
Underwood, M. (1989) *Teaching Listening*. London: Longman.

研究課題

(1) 中学校（2，3年）の教科書，もしくは高等学校の教科書（英語Ⅰもしくは Ⅱ）の本文を利用して，本章で解説した，「語用論に基づくリスニング」や「すべてを聞かないリスニング」の指導例を作成してみよう。その際，作成する問題は，全体の理解から，細部の理解へ，そして簡単な質問から，難しい質問へと展開していくように注意すること。

(2) 本章では，トップダウン的なリスニングの指導を論じたが，発音の指導にも，個々の音を教えてから，順次大きな音声単位へと積み上げていくボトムアップ的な指導に対して，トップダウン的な指導が考えられるはずである。後者について，早期英語教育，中学校，高等学校などの教育現場を自由に想定し，それぞれの指導方法を考えてみよう。

（上田 功）

第6章

教師のための学習英文法

1. 学校文法の改善に向けて

　本章では「教師のための学習英文法」について取り上げる。筆者は以前から「学習英文法」(learner's grammar of English)，とりわけこの「教師のための学習英文法」の研究には大きな関心があり，その方面に関係する著作もいくつか著してきた。また，勤務先の大阪教育大学では2002年度から「学習英文法論」という専門の講義を教員養成課程の学生のために開講している。その講義の中では，教師になったときに役に立つような英文法の知識をできるだけ多く提供し，その問題点を議論し，結果として，「学校文法」(school grammar [of English])の常識（あるいは非常識）を疑いつつも，学校文法の問題点を改善していくことのできる確かな目を育てることを目標としている。ここではその方向に向けての議論をすることにしたい。
　ちなみに，筆者の持論は「日本人の日本人による日本人のための英語教育」を考えなければならないということであり，教師のための指導に役立ち，教師のための教材研究にも役立ち，そして教師自身の知的興味・関心を高めるのにも有益な学習英文法を目指しているので，それはいろいろな意味で現場の先生方にも有益なものとなるはずである。
　いずれにせよ，具体的には学校文法についての問題点の調査，整理，吟味，検討などがとりあえずは必要であろう。そして，それはすなわち，学校文法の改善という方向のものであると言えよう。

2. 教師のための学習英文法とは
2.1 教師の英語指導に役立つ英文法

　学習英文法という言葉は，一般にはまだ十分に定着しているとは言えないかもしれないが，しばしば用いられているものである。しかし，学習英文法という用語そのものは，人によってその用い方や意味・ニュアンスが異なっているのが現状である。これといって決まった定義があるのかどうか，必ずしも明確ではない。それに，本稿ではさらに「教師のための」(for teachers [of English]) という言葉をあえて付け加えているのにはそれなりの意味があると考えてほしい。

　「学習英文法」という言葉は，そのまま素直に文字通りに解すれば，基本的には「学習のために役立つ英文法」ということになる。ただ，「教師のための」という形容語句があるので，そのあたりの視点・レベルを意識した形のものになるというわけである。そのコンセプトとしては，言わば「教師のための英語指導に役立つ英文法」ということになる。ちなみに，筆者は英語学的な研究成果を現場の教育に還元したいと常々考えているが，これはその意味では英語学から英語科教育への橋渡しにもなる，いわばその中間的な文法（研究）であると言えるかもしれない。

2.2 学校文法と学習英文法

　ところで，以前から学校文法（学校教育の中での英文法）についてはあまり評判はよくなかった。たしかにそのことは認めるが，だからといって「英文法」(English grammar) そのものが外国語としての（大人の）英語学習者に不要であるということでは決してない。むしろ，学校文法は英語学習のための便利な近道，いわば「高速道路」なのであり，それを利用しない手はないはずである。

　そうは言っても，当然のことながら，それが抱えている現在の問題点についてはいろいろな視点から見直すことが必要であり，そのことは英語指導上もきわめて重要なことであると言わなければならない。とりわけコミュニケーション重視の英語教育が今や主流であり，しかも一方ではその

「あおり」を受けてか，英語学力のむしろ低下が指摘されてきていることを考えれば，日本の英語教育という風土の中で，改めてもっと効果的で効率的な役に立つ英文法，あるいはコミュニケーション重視の使える英語に対応した英文法が求められていることは指摘するまでもないであろう。

それにしても，学校文法はあまりにも時代遅れであるとか，あまりにも例外（の多い規則）が多すぎるとか，場合によっては事実とかなりのずれがあるとか，しばしば不自然な説明があるとか，実にさまざまな指摘がなされており，また実際，そのような誤りや誤解などがないわけではない。教育的配慮という名のもとに，英語の実態とはかなり異なるような指導がなされている可能性も否定できないのである。そのような教育的配慮と思われる部分については，改めて事実を確認し，検証しながら考え直してみる必要があるのではないかと思われる。それというのも，英語教育ではその常識とされているものをしばしば疑ってみる必要があるからである。

しかし，そうかといって，あまりに科学的であろうとしたり，あるいはあまりに厳密であろうとすると，これもまた現実には英語教育の中では弊害となりうる。それに，学校文法というのは科学的にやればやるほど問題点も噴出してくるものでもある。先にも示唆したように，学習英文法ではむしろ「科学的文法」(scientific grammar) と学校文法との中間をねらいたいところである。つまり，「中庸の道をとる」ということが大切なことなのである。かくして，現在の学校文法の問題点，不備な点などをできるだけ改善・修正するとともに，今後は，もっと役に立つ文法を提案していくことになろう。

2.3 文法の重要性について──英語の学力とは何か

さて，文法の重要性については疑う余地はないと筆者は考えているが，それでも「文法を学んで英語の学力（実力）は向上するのか」というような疑問をもたれる向きもあるかもしれない。しかし，すでに示唆したように，外国語としての英語学習者には決して文法は無視できるものではない。

そこで「英語学力」(proficiency in English) とは何かを考えてみる

と，その定義はいささか難しいものとなるのかもしれないが，単純に言えば，次のような算式で表現されそうである。

英語学力＝{(文法力×語彙力)＋α}×スピード

[αには，文才，常識，経験などが含まれるが，「話す力と書く力のときは文才であり，聞く力と読む力のときは常識や経験と結びつける力である」とされる。また，スピードは「流暢さ」(fluency) と言ってもよいが，実用的な見地からはこれは大切な要素となろう。羽鳥（1976）を参照]

さて，この算式に見るように，基本的に，文法力と語彙力とはきわめて重要な要素であり，学力は基本的には「文法」(grammar) と「語彙」(vocabulary) との積で表現されることになるのである。もしもそのいずれかがゼロに近ければ，英語学力は，当然ながら，ゼロに近づいてしまうことに注意しなければならない。ただし，「積で表現される」というのはもちろん，比ゆ的な言い方であり，英語の力は文法と語彙の力に，言わば比例するということである。語彙の学習と，文法の学習をともに重視しなければならないゆえんである。その中で，最近は語彙に関する研究が増加の傾向にあり，語彙指導にも関心が高まってきているのはよいことである。

一方，文法については，いまだに敬遠されたり，無用の長物扱いされたり，あるいはそれが諸悪の根源であるかのような議論さえなされたりしているが，残念な気がしてならない。先にも触れたように，文法は一種の高速道路なのであり，それを無視したり，毛嫌いしたりする合理的な理由はないと言ってよいであろう。もちろん，文法にも不満や不備が見られるのは事実であり，基本的にはそのような問題点を洗い出して，それを改善していこうとすることはきわめて大切なことである。

2.4　学習英文法の構築に向けて──これからの検討課題

いよいよ学習英文法の構築に向けての調査，研究に入るわけであるが，

実はこれからの検討課題は山積しているのである。そこで，とりあえず考えられるのは次のような課題であろう。

(1) 学校文法（英文法）の問題点の全体的な見直し，再検討および整理
(2) 文法用語（要語）の精選および整理，またその十分で正確な理解
(3) 各文法項目についての納得のできる分かりやすい説明法と適切な用例の研究（教師にも学習者にも）
(4) 語法・表現レベルの注意点や問題点の検討，特に口語英語か文語英語か，あるいはイギリス英語かアメリカ英語か，などの区別
(5) 英語学，言語学，日英語比較研究などの関連諸科学からの知見の導入
(6) 第二言語習得研究，国際英語，和製英語（およびその正しい英語表現）などの視点からの検討
(7) 生きた口語英語（の精選）およびその指導のいっそうの重視
(8) 音声研究の充実および音声指導のいっそうの重視
(9) 中学・高校の英語教科書の（比較）研究とその問題点の改善
(10) 高校・大学の入試問題および受験英語についての検討
(11) 学習参考書，問題集，学習英和辞典，和英辞典および英英辞典等の記述についての検討，など

なお，その際，英語にはとりわけ日本人に苦手とされる項目，つまり前置詞，時制・相，関係代名詞，受動態，冠詞，人称代名詞など，問題点のきわめて多い分野が存在するので，まずはそれらについて重点的に作業を進めることが必要であろう。要は，いろいろな視点・角度から再検討を加えた上で「教師のための学習英文法」の開発・構築に向けて動き出す必要があるということだ。

次節では，どちらかと言えば，その予備的な議論としてではあるが，日本人英語学習者が誤りやすい問題点を中心に，英文法を見直す視点からその若干の項目を取り上げて，簡単に検討しておくことにしたい。

3. 文型，文法および語法上の具体的な問題点など

　文法指導上の困難点や問題点という視点からは，結局，生徒の誤りやすい問題点を中心に議論をすることになるであろうが，それはまた，日本人の学習者の役に立つ文法指導のためのヒント，あるいは教材研究・授業準備の参考になりそうな情報を提供するということでもある。かくして，学習英文法の視点からは，言語材料のうちから，主として文型，文法および語法などに関しての問題点や指導法について取り上げることになろう。

3.1　英語の文型について
　　──どの文も5文型のどれかに分類できるのか

　さて，「文法は文型に始まり文型に終わる」と言われることがあるように，「文型」(sentence patterns) は文法ではきわめて大切なものである。英語教育の中では一般に5文型が用いられ，それらは次のような理由で基本的にきわめて重要であり，その活用が大切であると考えられる。

　(a)　5文型は英語の基本的な文構造を示してくれる。
　(b)　5文型は日英両語の語順の異同を示してくれる。
　(c)　5文型は長文では全体の文構造の枠組みを示してくれる。

　ここでは文型の具体的な議論は差し控えるが，日英両語の文型，語順を比較することによって，それぞれの言語の特徴などもより明確に理解できることを指摘しておきたい。また，日本語では，言わなくても済むことは言わないことが多いので，主語だけではなく目的語などもしばしば省略されることに注意すべきである。それに対して英語では，SVOなどの枠組みを明示的にしっかりと組み立てる必要があるのはいかにも対照的である。このように，文型ないしは語順についての指導は，英語の構造や感覚を把握させるためにもきわめて便利なものなのである。

　ところで，英語の文型については一般的にかなり大きな誤解があるようである。それは英語ではどんな文でも必ずすべて5文型のどれかに分類できると思われているらしいということである。実際，多くの学生などが家庭教師や塾講師としてそのように教えているふしがある。彼らは，自分た

ちがそう教わった（記憶がある）からそう指導しているのだと言う。

また教師の方でも，各種の異なる文型を作る make, get などが出てくれば，いったい何文型なのかとつい考えてしまうし，実際，次のような例は SVC の文型と考えてよいのかそれとも SVO なのか，いささか迷うところである。

(1) She will *make* a good wife.
(2) She will *make* a very good teacher.

この(1)については，小寺（1989: 11, 29）でも make を自動詞として扱い，文型上は SVC として扱っている。また，学習参考書などにも，(2)のような例をあげて「次は何文型か答えなさい」というような問題が見られるが，この場合も答えとしてはやはり第2文型であるとしてよいであろう。

Curme（1931: 28）はこの問題について，おおよそ次のように議論している。つまり，この(1)の例のように，他動詞の make は目的語（wife）をとどめてはいるが，しばしばその具体的な力を喪失することがあり，その場合 make は意味的には become, turn out to be の意味の「繋辞」（copula）であるとしている。そして，目的語は意識としてはわずかに感じられるのみであり，その証拠に wife を主語にした受動態が成立しないということを指摘している[1]。

いずれにしても，このような make の場合，形式をとるか意味をとるか，どちらを優先するかにより解釈が分かれるところであり，英語教育の中でそれらが何文型であるのかを詮索することにはほとんどメリットはなさそうである。それに学校教育の中での文型というのは，一応の大きな目安としての基本的な枠組みを示すものであり，細かな例外はいくらもあるのは当然であるから，それを議論しても教育効果はあまり期待できないものと考えるべきである。

3.2 現在進行形について
——「〜している」はいつも現在進行形で表せるのか

一般に日本語の「〜している」は「現在進行中の動作」を表し，それには英語の「現在進行形」(present progressive) が用いられると考えられている。そう考えることは基本的に誤りとは言えないが，「〜している」がすべて進行形になるとはかぎらない。そこからしばしば日本語の干渉という問題が生じるゆえんである。たとえば「私たちは6年間英語を学んでいます」というような時にも，生徒はよく次のように表現してしまう。

(1) We *are learning* English for six years.

しかし，これでは（6年間にわたる）継続的な意味は出せないのである。その場合は明らかに次のように現在完了進行形にしなければならないであろう。

(2) We *have been learning* English for six years.

もし(1)を用いると，おそらく母語話者には「これから6年間英語を学びます」（予定）という，むしろ未来時の意味に受け取られかねないであろう。

その他，日本語の「〜している」が，次のように英語の現在形や現在完了形に対応することもあり，学習者は誤りやすいところである。

(3) He *teaches* English at our university.
(4) They *have lived* in Osaka for twenty years.

いずれにしても，日本語と英語との意味と形式とが一対一に対応していないのであるが，そのような場合には特に誤りや干渉が起こりやすいので注意が必要である。

なお，一般的には「進行形にならない動詞」とされるものがあって，た

とえば次の例のように,「状態動詞」(stative verbs) は進行形にはならないとされている。

(5) I *belong to* the tennis club.
(6) She *resembles* her mother very much.

ただし,このような進行形にならない動詞の場合でも,文脈次第では進行形が不可能ではないことも,場合によっては指導したいところである。それには,たとえば次のような例が考えられる。

(7) She *is resembling* her mother more and more as the years go by. (年が経つにつれて彼女はますます母親に似てきた)

この場合のように「徐々に[ますます]〜する」というような文脈があれば,その動詞はいわば「過程動詞」(process verbs)として用いられていることになり,そのプロセスを表すために,進行形が可能となるのである。
また,状態動詞の代表格である be 動詞でも進行形になる場合がある。すなわち「(一時的に)〜である,(意識的に)〜のように振る舞っている」というような,一時的で意図的な動作・状態を表す時は進行形にすることができるのである。それには次のような例がある。

(8) a. The students *are being* very quiet today.
 (生徒たちは今日はいやに静かにしている)
 b. We're not *being* secretive, Father. [*The Sound of Music*]
 (私たちはこそこそしてないわ,お父様)

be 動詞は典型的な状態動詞であるから,一般的には進行形をとらないのであるが,この場合のように「(何か思惑でもあって)わざと〜している」というニュアンスを伴う場合は進行形になるのである。

なお，このような例ではbe動詞は状態動詞であるというよりは，むしろ意味的には「動作動詞」(dynamic verbs)に近いものであると考えてよい。実際，動作動詞に近いことの証拠として，behave, pretendなどの動作動詞を用いて書き換えが可能であることが指摘できる。それには，たとえば次のような例が参考になろう。

(9) a. He *is being* sorry.
  (=He is pretending to be sorry.)
  b. He *is being* tactful.
  (=He is behaving tactfully.)
  c. Mary *is being* a good girl today.
  (=Mary is behaving well today.)
  d. He *is being* a fool.
  (=He is acting foolishly.)

このような，いわば動作性を帯びれば進行形になりうるということについては，高校レベルでは具体的な指導を検討しておきたいものである。なお，このようなbe動詞の進行形は，一般的には「be＋being＋形容詞・名詞」の型として，「…のようにふるまっている，…のふりをしている」の意味であると覚えておくとよいであろう。

3.3　未来時表現について
―― will と be going to はいつも同じ意味なのか

英語の「未来時表現」(expression of future time)については，willとbe going toとが基本的なものである。かつては中学校などで，次のような文の書き換え練習などがよく見られたものであるが，そのような指導では生徒はしばしばどちらも同じ意味だと思ってしまうものである。

(1) a. It *is going to* rain this evening.
  b. It   *will*   rain this evening.

この種の書き換え練習は、ただ未来時表現の形式に慣れさせるという程度の意味しかもたないであろう。もちろん、両者がほとんど同じ意味の場合もあるが、むしろ両者の意味の違いは無視できない場合も少なくないのである。そして、will と be going to とが同じ意味のものではないとすれば、それぞれのニュアンスはどのように違うのかについても検討が必要であろう。したがって、両者が同値であると思い込ませるようなミスリーディングな指導は避けるべきである[2]。

さらに、未来時表現に関して、次のような文（対話）は誤りであるとされるが、それはなぜであろうか。考えさせてみたいところである。

(2) a. *What *will* you *do* at the weekend?
b. *I *will play* tennis with Tom on Sunday.

これについては、基本的にはこれからの未来のことについて「話しをしているその場で、その時点で何かを決める場合」には will を用いるが、「すでに取り決められたことや変更できない予定などを表す場合」には be going to あるいは進行形を用いるものと考えてよい。したがって、(2)の場合は Tom との間ですでに成立している約束についての話しであり、will はなじまないということである。両者はいつも交換可能 (interchangeable) ではないのである。教室でも、たとえば

(3) *I *will* play tennis with Tom next Sunday.

のような文は正しい文ではないことを、具体的に指導すべきであろう[3]。

3.4 前置詞の問題点

高校時代に「前置詞」(preposition) のところで、次のような文を学習したことがある。その時に、日本語訳の「太陽は東から昇り、西に沈む」とを比較して、筆者は長い間、ある種の違和感をもち続けてきた。

(1) The sun rises *in* the east and sets *in* the west.

　in the west はまだよいとしても，なぜ *in* the east となるのかが理解できず，当時は何の説明も与えられなかったので，ただそのまま暗記するしか術がなかったことを今でも残念に思う。今にして思えば，日本語の発想では，「から」は「起点」を表し，「に」は「着点」を表すということである。これについて阿部（1998: 2）は次のように述べている。

　　（日の出，日没という）同じ現象を日本人は，「太陽が東という出発点（起点）から出て，ずっと移動して西という到達点（着点）にたどり着く」と見るのに対して，英米人の場合は，同じ現象を「太陽が東という場所空間（in）で昇る（rise）という行為をなし，西という場所空間で沈む（set）という行為をなす」と見ているわけです。

　このような場合，日本語（の助詞）につられて考えていると，いかにも from や to を用いてしまいがちなので注意が必要である。これは，日本人向けの指導を考える際のヒントとなろう。また，その他の例として，sit in / on の区別や arrive at / in などの区別もきちんと指導されてきたかどうかは怪しいのではないかと思われる。

　英語の前置詞について，たとえば Close (1981³: 148-164) は，前置詞というものは 2 つのものの空間の位置関係や時間関係を示すとしながら，次元をもたない点（point），一次元の線（line），二次元の表面（surface），三次元の空間もしくは領域（space or area）という 4 つのカテゴリーをもとに，その考え方・用法を分類し，図解の形で整理して示しているが，それは大いに指導上の参考になるであろう。

　その中で具体例として，たとえば次の (2) の例文で，各前置詞の目的語を，地図上の点と見れば (2 a) のように言えるし，それを表面と見れば (2 b) のように言える。また，空間と見れば，(2 c) の表現となるという。

(2) a. We arrived *at* the station five minutes early.
　　b. We arrived *on* the platform just as the train was coming in.
　　c. We arrived *in* London late last night.

実は arrive は，後に伴う前置詞としては at, in, on のどれでも可能ということになるのである。

また，*on* a chair と *in* a chair との違いについては，on は seat の表面（二次元）を念頭においた表現であり，in は seat のほかに肘かけ，背もたれがついたゆったりできる椅子（三次元）がイメージされる，という違いがあると説明されている。

これについては以前に，「次のような文の空所に適当な前置詞を入れなさい」というような練習問題を見かけたことがあったが，このような場合，大切なのはその具体的なイメージである。（in と on のどちらにでも答えられるのは適切な問題ではない）

(3) He is sitting (　　) a chair.

したがって，以上のことから考えると，問題として出すのなら，次のように対比するのがよいであろう。

(4) a. He is sitting *on* a stool [or bench].
　　b. He is sitting *in* an armchair.

さらに，これに関連して，前置詞の off と out of とについても確認しておきたい。これらは日本人には十分には理解されていないのではないかと思われるが，実は「平面の接触」の意味を表す on の反対が off であり，「空間の中に」の意味を表す in の反対が out of なのである。それぞれ二次元，三次元のイメージが対応していることに注意が必要である。

この次元の関係が理解されれば，なぜ次のように言うのかは明確に把握

できるはずである。

(5) Keep *off* the grass.（芝生に入るな）［芝生は平面］
(6) He came *out of* the room.（彼は部屋から出て来た）［部屋は空間］

すなわち，(5)の場合は，grassが平面であり，そこから離れているのでoffが用いられる。また，(6)の場合は，日本語では「部屋から」となるが，fromを用いると，それは部屋を起点としてとらえていることになるのに対し，out ofを用いると，それは「(部屋の) 中から外へ」の意を表すことになるのである。もっとも，これはとらえ方の問題であって，fromを用いてはいけないというのではない。しかし，普通は空間が意識されるのであり，out ofの方が明らかに自然な英語である。

3.5　受動態はなぜ存在するのか

英語には能動態のほかになぜ「受動態」(passive voice) が存在するのか，そして，それはどのような時に用いるのがよいのかといった疑問をもつ中学生・高校生もいるだろう。

これについては，Declerck (1991: 212-213) の説明の一端を覗いてみよう。そこでは，受動態が用いられる要因として，次のⅠ，Ⅱのような場合があるとしている。

Ⅰ　英語では通例，「旧情報」(old information) で文を始め，「新情報」(new information) は後にくるという原則による場合

(1) a. What happened to that car? It was hit by *a falling tree*.
b. What happened to that car? *A falling tree* hit it.

Ⅱ　英語では談話の中ではその流れの上から「主題」(theme)（あるいは主語）を変えない形が好まれる場合

(2) a. *The Pope* arrived in Madrid this morning and was immediately besieged *by reporters*.
   b. *The Pope* arrived in Madrid this morning and *reporters* immediately besieged him.

　Ⅰでは（1a）の方が自然であるが，それは新情報が後にきているからである。換言すれば，それは英語の一般的な傾向に合っているのである。そして，この説明には「情報の原理」(information principle) という用語がしばしば用いられるとしている。また，Ⅱでは（2b）の方が不自然であるが，それは後の節の主題（話題または主語）が変わっているために，ぎこちなく感じられるからである。これには「主題の連続性」(theme [topic] continuity) という用語が用いられている。これを意識して守ることにより，ぎくしゃくしない形で文が展開される（という効果が得られる）ことになるのである。いずれも，能動態と受動態のどちらが自然であるか，生徒にも考えさせるとよいであろう。難しい用語を使うことはないが，その意図を説明すれば，学習者は受動態の存在理由についてもある程度は納得するのではないだろうか。

3.6　人称代名詞の格について

　もうひとつ「人称代名詞」(personal pronoun) の格について簡単に見ておこう。学校でもよく問題になるのが It's *me*. の表現や，than のあとの格についてどうするかということである。本来的には主格補語の位置には主格が用いられ，接続詞 than の後には主格が用いられるのがルールである。しかし，形式ばらない口語英語では目的格が普通に用いられる。
　それについて Greenbaum and Quirk (1990: 111) には次のような例があげられている。

(1) a. His sister is taller than *him*.
   b. Whoever left the door unlocked, it certainly wasn't *me*.

これについては,「主語領域」(subject territory) と「目的語領域」(object territory) という用語を用いて説明されている。そのうち, 前者は節のうちの「動詞の前の部分」のことであり, 後者は「動詞の後の部分」のことである。一般的には, この用語を分かりやすく用いれば, 文法的とは言えないこの種の語法に対する, 1つの有力な説明法となろう[4)]。

　もっとも, than ～については, 次のように「操作詞」(operator) としての be 動詞を用いれば問題はないことになる。

(2) His sister is taller than *he is*.

　たしかに, 比較級の指導の際, than の後に目的格を用いて, たとえば ～ than me とするのか, それとも主格を用いて～ than I とするのか, あるいは be 動詞を用いて～ than I am にするのかは問題である。それに, この～ than I am の形の表現は日本人には苦手なのではないかと私は疑っている。そして, 実際に用いられる英語では, 実は(2)のような形がむしろ主流であるということをここでは指摘しておこう。

4. 学習英文法の研究方法
　──関係代名詞の研究を具体的な例にして

　ここでは教師のための学習英文法の「研究」を自ら実践してみようとする人のために, その具体的な研究方法について,「関係代名詞」(relative pronoun) を例にとりながら少し述べておきたい。

　「教師のための学習英文法」の開発・構築に向けての研究方法としては, 理論的かつ実践的な研究, そして, いわば総合的・包括的な研究を目指すのがよい。そのために, 一方では, 関連の研究文献を十分に検討・吟味し, それにより理論的な研究を行うことが必要である。またもう一方では, 書き言葉のみならず, 話し言葉をも含めて, 各種のジャンルの資料を入手し, あるいは自ら用例の収集などに当たり, 場合によっては理論的な仮説をたてつつ, 問題点, 疑問点などを具体的に検討, 吟味, 検証する必

要がある。このような実証的，語法研究的な手法でその研究を進めることにより，客観的に説明が可能となり，専門家をも納得させられるような，そして自らの肥やしにもなるような研究が可能となるであろう。

どのような研究項目であっても，まずその基本的な用法，用例などをよく観察することが大切である。その意味で，語法重視，用例重視のスタンスは必要不可欠であろう。それに，「机上の空論」ではなく，現場の先生方に十分に生かしてもらえる方向の研究が望ましいのであり，それこそが学習英文法研究の真髄でもあるのである。ここでは，数ある文法項目の中で，研究のサンプルとして，問題点の多い関係代名詞について簡単に取り上げることにする。そして，研究のいわば舞台裏を少し垣間見てもらうことにしよう。

さて，関係代名詞と言えば，卑近な例では，たとえば次のような疑問点や問題点がすぐに浮んでくるであろう。

(1) 関係代名詞の that と who / which とは文法的にも意味的にもあるいは文体的にも同じなのか（互換性があるのか），あるいは違いがあるとすればそれらはどのように違うのか。
(2) 関係代名詞の that はなぜ前置詞の目的語にならないのか。
(3) 関係代名詞の目的格はどれでもどの場合でも本当に省略できるのか。
(4) 「接触節」（contact clause）は（文法的に）日本人にはやさしいものなのか，それとも難しいものなのか。また，そもそも接触節は関係代名詞の省略されたものなのか。
(5) whose はいったい英語としてどの程度用いられるのか。また，whose や whom は実際にはどの程度教える必要があるのか[5]。
(6) 関係代名詞の指導順序については接触節から指導するのがよいのか。あるいは主格の who や that からオーソドックスに入るのがよいのか。また，それに関連して，関係代名詞の全体的な導入順序はどうあるべきなのか[6]。さらに，後置修飾全体を視野に入れた場合，関係代名詞のみでなく，分詞や接触節などとの関係はどう考え

るのが妥当なのか。
(7) 関係代名詞の that に非制限用法は絶対にないのか。

　実は，関係代名詞の指導では，教育的配慮もあってか，実際の英語の実態とはいささか異なるところもかなりあって，問題点は少なくない。関係代名詞をめぐって，その問題点を点検して，多少なりとも（自分自身で）納得できるような考察，議論をしておく必要があると言えよう。
　また，関係代名詞にはそのほかにもいろいろと研究に値する問題がある。ざっと思いつくだけでも次のようなテーマが考えられ，おそらくは10編程度の論文執筆が可能であるものと見込まれる。

(1) 関係代名詞の基礎的研究
(2) 関係代名詞の連鎖的用法について
(3) いわゆる接触節について
(4) 接触節が用いられる環境とそのシグナルについて
(5) 関係代名詞の省略について
(6) 関係詞の制限的用法と非制限的用法について
(7) which の独立用法について
(8) 関係代名詞・接触節の指導について
(9) 関係代名詞の難易度について

　学生諸君にあっては，もし関係代名詞をテーマに選べば，以上のタイトルの卒業論文・修士論文などが執筆可能であると考えられる。卒論や修論での学習英文法の研究ということになれば，このようにいささか英語学的な方向にウェートがおかれることになるであろう。日本人には困難点とされるような項目は「日本人英語学習者にはどう説明すればうまく理解し，納得してもらえるか」という視点から研究してみたいものである。いずれにしても，教壇に立つ（ことを目指す）人にとっては，「教師のための」学習英文法という視点からの文法研究はぜひ取り組みたいテーマである。

5．むすび

　以上，ここでは学校文法の中のいくつかの問題点，あるいは教材研究，文法指導へのヒントという意味でも参考になりそうな問題点について若干検討し，また，筆者なりの研究方法の一部をも紹介してみたが，これからはこのような「教師のための学習英文法」の研究がさらに多くの教師によって体系的かつ継続的に行なわれることを期待したい。学校文法の問題点，疑問点，反省点など，英語教育の改善に向けて今後の研究課題は文字どおり山積していると言っても過言ではないからである。

注
1) ただし，「〜を作る」というmakeの原義を考えて，形式的にはSVOとすることも，もちろん可能である。もっとも，その場合，他動詞的な意味合いが薄れていることについては指摘したとおりである。
　　なお，この (2) と対照すべきものとして形式的にはSVOOの形の，次のような文もある。

　(1)　She will *make* him a good wife.

　　なおこの (1) の成立過程は，もともとはあったと考えられるmakeの目的語としてのherselfが脱落し，その位置に (for) himが移動してきた形と考えられる。
2) なお，ここで言及したような書き換え問題にはしばしば危険な落し穴があることに注意すべきである。書き換えに関してはその他，たとえば間接目的語の文末への移動の書き換え，能動態から受動態への転換（書き換え），関係代名詞を用いての2文の合成（結合）など，問題点はいくらでもある。
　　ここでは詳しく解説はできないが，基本的に大切なことは文を書き換えれば，それが元の文とまったく同じ意味であるということはありえないということである。したがって，たとえば間接目的語を文末へ移動すれば，当然，その名詞句が強調されることになる（文末焦点）。また，受動態を用いれば，

普通は動作主は用いられないのであるが，あえてそれに by 〜 をつければ，そこには重要な情報が盛り込まれることになり，元の文とはニュアンスが異なってくる可能性が高いということになる。詳しくは，小寺（1990）を参照されたい。
3) これについて詳しくは，小寺（1986:101-137）および小寺ほか（1992: 109-125）を参照されたい。
4) ただし，「くだけた」(familiar) 表現では，次のような同格の例にあっては，主語領域でさえも目的格が用いられることがあることにも注意が必要であろう。

(1) *Us locals* are going to protest.

そう言えば，かつて *Sesame Street* などでも次のような例が用いられていたことを思い出す。

(2) *Us little girls* aren't frightened by spiders any more.

このように，口語ではしばしば目的格が優先される傾向がある。
5) whose については，小寺（1996: 66-75）を参照されたい。
6) これについて詳しくは，小寺（1990:105-154）を参照されたい。

参考文献

阿部　一（1998）『ダイナミック英文法』，研究社出版
Close, R. A. (1962, 1977², 1981³) *English as a Foreign Language*. London: George Allen & Unwin. (o.p.)
Curme, G. O. (1931) *Syntax*. Boston: D. C. Heath and Company.
Declerck, R. (1991) *A Comprehensive Descriptive Grammar of English*. Tokyo: Kaitakusha.
Greenbaum, S. and R. Quirk (1990) *A Student's Grammar of the English Language*. Oxford: Oxford University Press.
羽鳥博愛（1976）「英語の学力とは何か」，中島文雄（監修）(1976)『新英語教

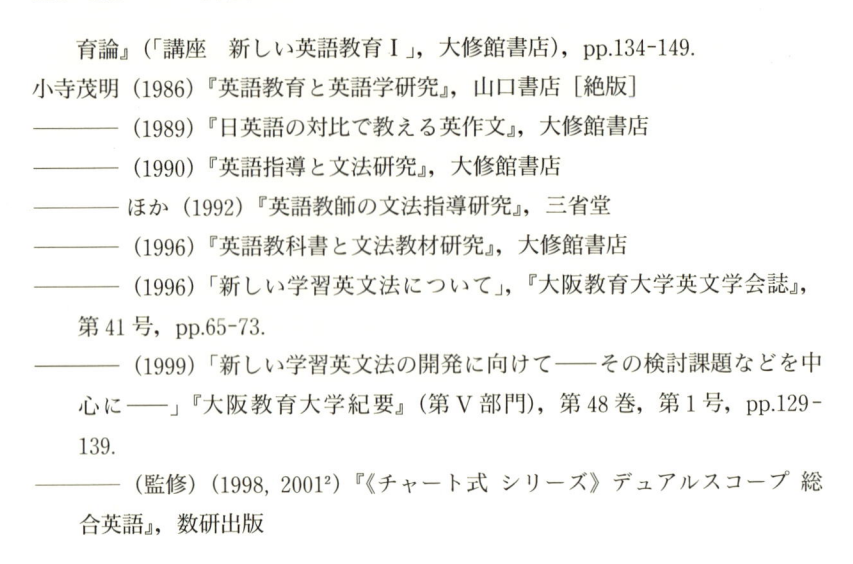

育論』(「講座　新しい英語教育Ⅰ」, 大修館書店), pp.134-149.
小寺茂明 (1986)『英語教育と英語学研究』, 山口書店［絶版］
──── (1989)『日英語の対比で教える英作文』, 大修館書店
──── (1990)『英語指導と文法研究』, 大修館書店
──── ほか (1992)『英語教師の文法指導研究』, 三省堂
──── (1996)『英語教科書と文法教材研究』, 大修館書店
──── (1996)「新しい学習英文法について」,『大阪教育大学英文学会誌』, 第41号, pp.65-73.
──── (1999)「新しい学習英文法の開発に向けて──その検討課題などを中心に──」『大阪教育大学紀要』(第Ⅴ部門), 第48巻, 第1号, pp.129-139.
──── (監修) (1998, 2001²)『《チャート式 シリーズ》デュアルスコープ 総合英語』, 数研出版

より進んだ読者のために

安藤貞雄 (1983)『英語教師の文法研究』, 大修館書店
──── (1985)『続・英語教師の文法研究』, 大修館書店
Celce-Murcia, M. and D. Larsen-Freeman (1983, 1999²) *The Grammar Book: An ESL / EFL Teacher's Course*. Rowley, Mass.: Newbury House Publishers / Heinle & Heinle Publishers.
江川泰一郎 (1964², 1991³)『英文法解説』, 金子書房
早坂高則・戸田征男 (1999)『リストラ・学習英文法』, 松柏社
金谷　憲 (編著) (1992)『学習文法論』, 河源社発行, 桐原書店発売
Leech, G. (1971, 1987², 2004³) *Meaning and the English Verb*. London: Longman.
宮田幸一 (1961, 1970²)『教壇の英文法』, 研究社出版［品切れ］
Quirk, R. et al. (1985) *A Comprehensive Grammar of the English Language*. London: Longman.
Swan, Michael (1980, 1995²) *Practical English Usage*. Oxford: Oxford University Press.
綿貫　陽ほか (1994)『教師のためのロイヤル英文法』, 旺文社

吉田正治（1995）『英語教師のための英文法』，研究社出版
―――（1998）『続　英語教師のための英文法』，研究社出版
Yule, George（1998）*Explaining English Grammar*. Oxford: Oxford University Press.

研究課題

(1)　文型は5文型と7文型のどちらがよいか，副詞語句の重要性を考慮しながら，まとめてみよう。
(2)　現在完了形（あるいは現在進行形）の本質的な意味と効果的な指導法について検討してみよう。
(3)　will と be going to とはどのように違うのか，具体例に当たりながら調べてみよう。
(4)　前置詞のコア・ミーニングとその比喩的用法について研究してみよう。
(5)　なぜ受動態はなぜ存在するのかという視点から受動態について研究してみよう。
(6)　関係代名詞の総合的・実証的研究を手がけてみよう。[→本章の4.を参照]
(7)　冠詞の考え方と指導上の問題点について，認知論的な冠詞決定の仕組みという視点から考察してみよう。

（小寺茂明）

第7章

授業実践

1. 授業案を考える前に

1.1 学習指導要領

　文部科学省が定める「学習指導要領」(course of study) は，教科指導をはじめ，すべての学校教育活動の中心的な方針と理念を表すものである。今回の改訂は平成元年以来，戦後7度目のものである。中学校の英語については，中学校学習指導要領の第9節外国語の中の「英語」の項で，また高等学校の英語については，高等学校学習指導要領の第8節外国語の中でオーラル・コミュニケーションⅠ（以下OCIという），英語Ⅰなどの各科目ごとに，それぞれの「目標」などが述べられている。中学校，高等学校の英語教育を考える際，あるいは具体的な授業計画を立てる際には，前もって一読する必要がある。

(1) 中学校学習指導要領の概説

　「英語」の項は，3つの項目からなっており，1「目標」では，英語の「4技能」(four skills) に慣れ親しみ，実践的コミュニケーション能力の基礎を養うために，初歩的な英語の4技能の習得を目指すように述べている。

　2「内容」では，(1)「言語活動」(speech activities) のところで，「聞くこと」の「強勢，イントネーション，区切りなど基本的な英語の音声の特徴をとらえ，正しく聞き取ること」などのように，4技能それぞれの主として指導すべき項目について，具体的に述べられている。また，

(2)「言語活動の取り扱い」では，コミュニケーションを図る活動を教室内で行う際に注意しなければならないことや，言語活動の具体的な場面や状況を述べている。さらに (3)「言語材料」(speech materials) では，教室で行われる言語活動が，どの範囲の英語を使って行われるかが明示されている。特にウ「語，連語及び慣用表現」の (ア) に「別表1に示す語を含めて，900語程度までの語」とあり，中学校の言語活動で使用できる語句の制限が示されている。ただし，必修語は別表で示された100語のみで，残りの800語程度は教科書編集者に任されている。また，エ「文法事項」は中学校で扱うことができる文型などが具体的に述べられており，実際に授業に臨む前に，ぜひとも熟読したい部分である。

3「指導計画の作成と内容の取扱い」では，実際に授業をする際の指導計画の立て方や，留意すべきことなどが述べられている。具体的には，「生徒の実態や地域の実情に応じて目標を定めること」，「言語活動のうち，特に聞くこと及び話すことの言語活動を重視すること」，「言語材料によっては，理解の段階にとどめたり表現の段階まで高めたりするなどして効果的な指導をすること」などである。また，目新しいところでは，「コンピュータや情報通信ネットワーク，教育機器の有効活用」や「ネイティブ・スピーカーなどに協力を得ること」などがある。

(2) 高等学校学習指導要領の概説

第8節外国語にある科目のうち，高等学校英語教育の主な科目であるOCI，英語I，英語II，リーディング（以下英語Rという），ライティング（以下英語Wという）について述べることにする。

OCIはその「目標」にもあるように，「日常生活の身近な話題について，英語を聞いたり話したりして，（中略）積極的にコミュニケーションを図ろうとする態度を育てる」ために用意された科目である。聞くこと，話すことを中心としたコミュニケーション活動を効果的に行うために，「繰り返しを求めたり，言い換えたりするときなどに必要となる表現を活用すること」など，様々な配慮を求めている。

<u>英語I</u>（英語II）の1「目標」に，「<u>日常的な</u>（幅広い）話題について，

聞いたことや読んだことを理解し，情報や考えなどを英語で話したり書いたりして伝える基礎的な能力を養うとともに（能力をさらに伸ばすとともに），積極的にコミュニケーションを図ろうとする態度を育てる」とあるように，英語Ⅱは英語Ⅰの履修後に履修させる科目である。

また，3「内容の取扱い」には「中学校における音声指導によるコミュニケーション能力を重視した指導を踏まえ，聞くこと及び話すことの活動を多く取り入れながら，読むこと及び書くことを含めた4つの領域の言語活動を総合的，有機的に関連させて指導するものとする」とある。したがって，英語Ⅰ，英語Ⅱの授業では，4技能をバランスよく配し，コミュニケーション能力を高めるための，言語活動を工夫する必要がある。

英語Rの1「目標」には，「英語を読んで，情報や書き手の意向などを理解する能力を更に伸ばすとともに，この能力を活用して積極的にコミュニケーションを図ろうとする態度を育てる」とある。英語Rは英語Ⅰを履修後に履修させる科目である。「物語を読んで，その感想などを話したり，書いたりする」とあるように，4技能の中の読むことに重点を置きながら授業が展開されるが，他の3技能のことも頭に入れて，授業計画をたてる必要がある。また，「目的や状況に応じて，速読や精読など，適切な読み方をすること」も求めており，英語Rの授業で，日本語による内容理解に頼る授業のみを思い浮かべてはいけない。

最後に英語Ｗの1「目標」を見ることにする。「情報や考えなどを，場面や目的に応じて英語で書く能力をさらに伸ばすとともに，この能力を活用して積極的にコミュニケーションを図ろうする態度を育てる」とある。英語Ｗも英語Ⅰの履修後に履修させる科目である。英語Ｗの授業といえば，和文英訳の授業を連想するかもしれない。しかし，「目標」をよく読むと，4技能の書くことに重点を置き，他の3技能にも配慮して授業計画を立てなければならないことは明らかである。2「内容」の「聞いたり読んだりした内容について，場面や目的に応じて概要や要点を書く」，「聞いたり読んだりした内容について，自分の考えなどを整理して書く」の部分を読めば，英語Ｗでどのような授業が求められているのか理解できるはずである。

(3) 留意点

　各自が授業案を作り，授業実践を行う前に学習指導要領を熟読することを薦めるが，上の概説で述べたことに関連して，いくつか留意事項を記しておきたい。
〈中学校，高等学校での学習内容を正確に把握すること〉
　現職の教員の中にも，生徒たちの学習内容を十分に把握していない人がいるのは残念なことである。特に高校の教員が中学校の学習内容を詳しく知らないことはよくあることだが，教えようとする生徒がどの程度のことを知っているのか，事前に情報を得ておくことは，最低限なすべきことであろう。このことは学習指導要領を熟読することで解決できる。
〈どこまで指導するかをよく考慮すること〉
　「理解の段階にとどめたり表現の段階まで高めたりするなどして効果的に指導すること」とあるように，生徒の実態や英語への関心の度合などを考慮して，指導計画を作成する必要がある。
〈教室でいかに「言語活動」を展開するかを工夫すること〉
　中学校，高等学校のいずれの学習指導要領にも「コミュニケーション活動」「コミュニケーションを図る活動」「コミュニケーション能力の育成」といった語句がいたるところに見られる。これらの趣旨に基づき，教室でいかに効果的な「言語活動」を展開するかが求められている。

1.2　教科書
(1) 教科書の種類と特徴
【中学校英語教科書】
　現在の学習指導要領に基づいて作られた教科書は，*Sunshine English Course*（開隆堂），*New Horizon English Course*（東京書籍），*New Crown English Series*（三省堂）など7種類21冊である。どの教科書を使って授業実践をする場合でも，自分が使用する教科書を十分に研究することはもとより，他の教科書についても研究し，自分が使用する教科書がどのような特徴を持っているかを知っておくことが望ましい。ここでは，中学校英語教科書間の比較研究の例として，以下の4つの項目につい

て，筆者が調査したものを示すことにする。

○Book I（1年生用）の最初の文法事項
　I am Yuki. などI am .... で始まるのが4種類，I like soccer. で始まるのが2種類そしてThis is my book. などで始まるのが1種類である。

○「不定詞」（infinitive）3用法の提示順
　名詞的用法，副詞的用法，形容詞的用法の順に提示している教科書が4種類，副詞的用法，名詞的用法，形容詞的用法の順に提示している教科書が3種類である。

○「現在完了形」（present perfect）3用法の提示順
　継続，完了，経験の順に提示している教科書が3種類で，他の4種類の教科書はそれぞれ独自の提示順である。

○「関係代名詞」（relative pronoun）の提示順
　「接触節」（contact clause），主格，目的格の順に提示している教科書が2種類，主格，目的格，接触節の順で提示している教科書が4種類で，接触節，目的格，主格の順で提示している教科書が1種類である。関係代名詞の導入では，接触節の扱いで意見が分かれそうである。

　このように，各教科書の文法項目の提示順を検討することで，中学生にとって新しい文法項目のよりよい導入はどうあるべきかを議論することができ，より深い教材研究につながると考えている。
　その他，「教科書中の登場人物」や「登場人物が住んでいるところ」などについても調査した。その結果，7種類とも日本を舞台にして，日本人，アメリカ人，アジアの人々をはじめ，世界各国の人々を登場させ，英語が単にアメリカ人やイギリス人の「母語」（mother tongue）ではなく，「国際語」（international language）であるという立場で教科書が編集されていることが推測できる。

【高等学校英語教科書】

　高等学校の場合，OCI，英語Ⅰなど，科目ごとに教科書が作られている。発行されている種類は中学校の場合に比べてかなり多い。ここではその中から，英語Ⅰと英語Ｗのそれぞれの教科書について，比較検討する。

○英語Ⅰ

　高等学校学習指導要領を概説した1.1(2)で述べたように，英語Ⅰは4技能のすべてにわたって指導することを目標とした科目である。しかしながら，実際に編集された教科書を調べると，4技能に均等に重点が置かれているわけではなく，むしろどの技能に重点を置いて編集されたかが，その教科書の特徴を示しているといってよい。

　各課の構成として，本文とその英文に含まれる文法事項が中心になっていることは，すべての教科書に共通していえることである。むしろ各教科書の特徴はその前後に付属する部分に現れている。「読むこと」とともに「聞くこと」にも重点を置いた教科書では，その課の内容についてのリスニング教材を用意しているし，「書くこと」にも重点を置いた教科書では，その課の内容について，要約を求める課題を用意している。さらに，「話すこと」にも重点を置いた教科書では，その課のトピックについて，与えられた語を使って言ってみよう，あるいは話し合ってみよう，などといった課題を出しているものもある。

　また，本文を読む前に，その課のトピックについて事前学習ができるように，様々な工夫をし，生徒たちにこれから読む英文について，十分に興味を持たせてから読ませようとしている教科書も多くある。

○英語Ｗ

　言うまでもないことだが，英語Ｗは和文英訳の授業である，と考えてはいけない。学習指導要領にもあるように，英語Ｗの授業は「書くこと」を中心に，4技能すべての活動が1時間の中に含まれていることが望ましい。

　英語Ｗの授業で使われる多くの教科書は，課ごとに "Problems with

the IT Explosion," "The Festival of our City" (*Mainstream Writing Course*, 増進堂) など，トピックを設定し，そのもとで各課を構成している。「パラグラフ・ライティング」(paragraph writing) を目指すことに力点を置いた教科書は，小さなステップを踏みながら，課の終わりでは一連の英文が書けるように，生徒を導こうとしている。この種の教科書ではいわゆる，日英語を対比した Key Expressions や和文英訳の練習問題はあまり取り扱われていない。

一方，同じようにトピックごとの編集になっているが，和文英訳の演習問題や文法中心の Key Expressions の項目を重点的に配し，旧来型の課の構成となっている教科書もある。ただこの種の教科書も，単元と単元の間に「パラグラフ・ライティング入門」といった項目を設け，全体としてのバランスを保っている。したがって，和文英訳の傾向の強い大学入試という大きな壁はあるものの，英語 W の授業は，和文英訳からパラグラフ・ライティングへという大きな流れの中にあることは明らかである。

(2) 「教科書で」教える

教科書の採択は，公立中学校の場合，教科書採択区単位で，一方，国私立中学校，及び高等学校は各学校単位で行われる。いずれにせよ，教員になったとき，自分が教えたいと思っている教科書で授業ができるとは限らない。「教科書で教える」か「教科書を教える」かは，以前からよく行われてきた議論である。上に述べたような状況を考えると，「教科書で教える」ほうが現実的であるし，創造的であると考えられる。

それでは，「教科書で教える」とはどういうことか，「料理をつくること」を例に考えてみることにする。教師が1時間の授業のために，生徒に提示するすべての準備物を「皿に盛った料理」とすると，生徒はさしずめ「その料理を食べる客」である。教師は食材を使って料理する「料理人」ということになるだろうか。「皿に盛った料理」のなかの教科書の位置づけは，食材のなかで最も重要で，量的にも大きな部分を占めるものということになるだろう。補助プリント，ピクチャー・カード，テープ及び CD，教科書の内容に関連のある録音及び録画教材，英字新聞の記事など

は，食材のうちの周辺的なものということができるだろう。また，教師の教材に取り組む姿勢や教材観そしてその人柄などは，料理に使う様々な調味料である。「教科書で教える」は同じ教科書を使っても，教える教師によって全く違う授業が展開されるのである。それだけ，教師に大きな責任が負わされているし，豊かな創造性と専門性が要求されているのである。

2. 授業の準備と組み立て方

2.1 授業案（teaching plan）の書き方

　授業案には1時間の授業がどのように展開されるかということが示されるだけでなく，その授業の主な狙いは何なのか，生徒の状況はどのようなものなのかも，含めて書かれるのが普通である。また，その授業がその単元で，どのような位置づけになっているのかを示す必要もある。それでは，授業案作成手順にしたがって，必要な項目を簡単にまとめることにする。

(1) 教材観

　その授業で取り扱う教材で，授業者が何を教えたいかを述べる項目である。教材の内容を通して生徒に伝えたいこと及び，その言語材料で教えたい文法事項などをここで明らかにする。

(2) 生徒観

　その授業で教えようとする生徒が，どのような環境やクラスで生活しているか，また生徒の英語を学習する意欲の度合などを述べる項目である。授業の主役は生徒である。教師が生徒をどのように見ているかを授業案の中で述べることは，重要なことである。

(3) 単元の指導計画

　中学校や高校の英語Ⅰ，英語Ⅱなどの授業では，通例1つの課は，あるトピックを読み進めながら，数時間で教えられる。当該の授業がその単元

の中でどの部分に当たるのかを示すとともに，単元の中で果たす役割にも言及する。

(4) 本時の指導計画

この部分が授業案のもっとも重要なところである。1時間の授業を「導入」，「展開」そして「まとめ」などに分けて，授業の流れが把握しやすいように工夫する必要がある。次の項で具体的な教材を使って，この部分を中心に授業案の例を示すことにする。

2.2 授業案の具体例

中学2年生と高校1年生を対象に，以下の教材で授業をするときの授業案を次に示すことにする。

(1) 中学2年生の場合

(前時の本文)

Daisuke: What a beautiful beach!

Kevin: The color of the ocean is green, isn't it?

Daisuke: Yes. You gave me a post card of this beach last month. I've wanted to swim here since then.

Kevin: Shall we swim this afternoon?

Daisuke: Yes, let's. But first, I must buy a bathing suit. Do you know a good shop?

Kevin: Sure. Let's go.

(本時の本文)

Daisuke: This is too big.

Shop Assistant: That's a large size. Try this blue one. It's a small size.

Daisuke: Hmm, the size is OK, but I've never worn a bathing suit like this.

Shop Assistant: How about this green one?
Daisuke: Yes, I'll take it. How much is it?
Shop Assistant: Thirty-five dollars.
Daisuke: Here you are.
Shop Assistant: Here's your change.
  (*Sunshine English Course 2*, Program 11 "I Must Buy a Bathing Suit." より)

TEACHING PLAN

Manabu YAMADA

Ⅰ **Date:** Wednesday, February 4, 2004
Ⅱ **Class:** 2nd Year, Class 4, Junior High School Attached to Osaka Kyoiku University
Ⅲ **Text:** *Sunshine English Course 2*
  Program 11, "I Must Buy a Bathing Suit." (11-2)
Ⅳ **Main Points:**
  1. To let the students understand how to buy something in English.
  2. To familiarize them with the use of present perfect tense as in:
    Have you ever *visited* Nikko?
    Yes. *I've visited* the place three times.
  3. New words and phrases
    assistant, size, worn, wear, ever, visit(ed), change
    (*Here's your change*)
Ⅴ **Procedure:**
  1. Greeting and some questions about Australia
  (1) Is Australia larger than Japan?
  (2) When winter comes in Japan, what season comes in

Australia?
2. Review of the last class
(1) Listening to the CD and repeating, overlapping or shadowing
(2) Quiz (dictation)
① What a beautiful beach!
② I've wanted to swim here since then.
③ Shall we swim this afternoon?
3. Presentation of the new materials, using pictures, flash cards and the CD player
(1) Oral presentation of "Have you ever visited Nikko?" / "Yes, I've visited the place three times."
T: Yesterday I went to my grandfather's house. I visited it yesterday. I had a very good time. Mr. A, where does your grandfather live?
A: He lives in Sapporo.
T: Oh, he lives in Hokkaido? Hokkaido is very far from Osaka. Have you ever visited his house?
A: Of course, I've visited it many times.
T: Ms. B, have you ever visited Hokkaido?
B: Yes, I have. My father lives in Otaru now. So I've visited Otaru many times.
(2) Explanation of "Have you ever visited～?" / "Yes, I've visited～." in Japanese
(3) Oral presentation of the new words and phrases
(4) Oral introduction of the text
Daisuke and his friend, Kevin are going to swim in Australia. But Daisuke doesn't have a bathing suit. He is going to buy it with Kevin. At a shop Daisuke is trying a bathing suit. It's too big.

Then a man at the shop says, "Try this blue one. It's a small one." But Daisuke doesn't like a bathing suit like that. He's never worn that kind of bathing suit.

Then the man at the shop says, "How about this green one?" Now Daisuke likes the size and color of the bathing suit. He is going to get it. It is thirty-five dollars.

(5) Test questions
① Is the first bathing suit too big for Daisuke?
② What color is the first bathing suit?
③ What color is the second bathing suit?
④ How much is it?

4. Reading
(1) Flashing of the new words and phrases with explanation in English
(2) Model reading with explanation
(3) CD listening
(4) Repeating, overlapping or shadowing after the CD
(5) Free reading in pairs (The teacher goes around to help the students individually.)
(6) Individual reading in pairs

5. Consolidation
(1) Practice and presentation of mini-conversations at a shop
   A: I want to buy ....
   B: How about this one?
   A: I'll take it. How much is it?
   B: ... dollars.
   A: Here you are.
   B: Here's your change.
(2) Assignment of homework

(2) 高校1年生の場合
(前時の本文)
Part 1
August 21, 1996. Atlanta, Georgia.

The men's 100-meter freestyle final is about to begin. Eight swimmers line up on the starting blocks—among them is a Japanese named Kawai Jun-ichi. BANG! and everyone is in the water. Jun-ichi has a good start. Twenty meters, thirty meters, Jun-ichi is leading. At the fifty-meter turn, a strong American swimmer comes up close. Now there's only twenty-five meters left, and the two swimmers are even. Now the finish. Which swimmer won? Then the announcement: "In first place ... Jun-ichi Kawai ... from Japan!"

(本時の本文)
Part 2

A wonderful result! Jun-ichi won first place in the 1996 Paralympics. The Paralympics are for people with handicaps. Kawai Jun-ichi is blind in both eyes.

Jun-ichi was born with a serious eye defect. By the time he was three, he could not see at all with his left eye and only a little with his right. He was a cheerful boy, and loved to play in the water. When he was five, his parents took him to a swimming club. In elementary school, Jun-ichi took part in many swimming meets and won.

He kept on swimming in junior high school. In fact, he practiced swimming eight thousand meters a day. But he faced a lot of problems. His right eye got so bad that he could not see where the line on the bottom of the pool was or where the wall was. He had trouble swimming straight. He would also hit his head against the wall. He felt very sad and cried many times in the pool. When he was in his third year, the worst finally happened: he went blind in his right eye, and could not see anything at all. Even then he did not give up swimming. His coach and friends helped him, and he learned to swim blind.

It was about this time that Jun-ichi knew he wanted to be a teacher in the future. He wrote: "I would like to become a teacher someday. With my handicap, I feel I can encourage students to keep trying. That will be my mission."

(*Prominence English I*, Lesson 8 "The Dreams of a Blind Gold Medalist." より)

TEACHING PLAN

Manabu YAMADA

Ⅰ **Date:** Wednesday, February 4, 2004
Ⅱ **Class:** 1st Year, Class 1, Senior High School Attached to Osaka Kyoiku University
Ⅲ **Text:** *Prominence English I*
Lesson 8 "The Dreams of a Blind Gold Medalist," Part 2
Ⅳ **Main Points**
1. To familiarize the students with some expressions as in:
   (1) *It was* about this time *that* Jun-ichi knew he wanted to be a teacher someday.
   (2) *By the time* he was three, he could not see at all with his left eye.
   (3) He *kept on* swimming in junior high school.
   (4) He *had trouble* swimming straight.
   (5) He *would* also hit his head against the wall.

2. New Words

handicap, serious, defect, cheerful, elementary, bottom, pool, coach, someday, mission

Ⅴ **Procedure**

1. Review of the last class
   (1) Listening to the CD and repeating, overlapping or shadowing
   (2) Some questions about the last class
       ① When was Atlanta Paralympics held?
       ② How many meters did Jun-ichi swim in the men's freestyle final?
       ③ Which swimmer won the final, Jun-ichi or the American?
   (3) Quiz (dictation)
       ① Eight swimmers line up on the starting blocks.
       ② Jun-ichi has a good start.
       ③ Now there's only twenty-five meters left.
2. Presentation of the new materials
   (1) It was ... that (S) V～.
       T: Jun-ichi won a gold medal in the 1996 Atlanta Paralympics. When you want to emphasize "Jun-ichi" in this sentence, you can say, "It was Jun-ichi that won a gold medal in the 1996 Atlanta Paralympics." Then when you want to emphasize "a gold medal", what can you say, Mr. C?
       C: I can say, "It was a gold medal that Jun-ichi won in the 1996 Atlanta Paralympics."
       T: That's right. Then when you want to emphasize "in the 1996 Atlanta Paralympics", what can you say, Ms. D?
       C: I can say, "It was in the 1996 Atlanta Paralympics that

Jun-ichi won a gold medal."
T: Now, let's practice this expression, using "I broke the window yesterday."
(2) By the time SV, SV.
T: When I was ten, I was able to speak English. By the time I was ten, I was able to speak English. I will explain to you the differences between the two sentences in Japanese.
(3) keep on 〜
T: I continued to run. I continued running. I kept on running. These sentences have almost the same meaning.
(4) Explanation of other expressions, such as "have trouble 〜ing", "He would also hit ...." in Japanese
(5) Explanation of new words and phrases in English and Japanese
(6) Oral introduction of the text in easy expressions, words and phrases
(7) True or false questions
① Jun-ichi won first place in the 1996 Paralympics.
② When he was three, he could not see at all with both his eyes.
③ He began swimming when he was five years old.
④ Though he could not see well, he had no trouble swimming.
⑤ When he could not see anything at all, he wanted to give up swimming.
⑥ He wanted to become a teacher because he felt he could encourage students to keep trying.
3. Reading
(1) Repeating of the new words and phrases

(2) Model reading with explanation
　　(3) CD listening
　　(4) Repeating, overlapping or shadowing after the CD
　　(5) Individual reading
　4. Consolidation
　　(1) Assignment of homework

3. 授業の実際

3.1 中学校の授業で（前述の授業案に基づいて）

　前述の中学校授業案に基づいて，その時間の授業をもう少し詳しく解説することにする

(1) 復習
　各授業の冒頭には復習の時間が，通例割り当てられる。授業案で取り扱ったのは，舞台がオーストラリアで，前時がその初回である。したがって，授業の雰囲気作りもかねて，オーストラリアについての一般的な質問を「英問英答」(questions and answers) の形で生徒に提示する。ここで，オーストラリアにかかわりのある歌や音楽を準備しておいて，授業を始めるのもよい。
　そのあと，復習部分のCDを流し，生徒に発音させる。生徒の状況により，repeating（センテンスとセンテンスの間にポーズを置き，その部分で生徒に繰り返させる従来の音読法），overlapping（テキストを見ながら，CDから流れてくる音に間をおかずに，生徒に繰り返させる音読法），shadowing（テキストを見ずに，CDから流れてくる音だけを頼りに，間をおかずに，生徒に繰り返させる音読法）などを適宜使い分ける。
　復習の最後に，前時の会話文の中から，dictationの問題を3題提示する。「小テスト」(quiz) の問題はいろいろ考えられる。今回のようにdictationで評価するのもよいが，日本語を与えて英語に直させる問題

や，適当な語を（　　）の中に入れさせる問題を印刷して用意しておくのもよい。生徒の状況を考慮しつつ，小テストがいつも同じ形式にならないように，工夫する必要がある。

(2)　本時
【新教材の導入】
　新教材は大きく分けて，文法・文型に関わるもの，語句に関わるもの，そして内容に関わるものの3つがある。
　この時間の新しい文法・文型は「現在完了（経験）の疑問文と受け答えの表現」である。教師側が1人で新しい文法事項や新文型を導入する方法もあるが，ここでは，生徒に参加させる形で導入する方法を考えてみた。ひとつの場面では，充分に「現在完了の経験」が持つ意味を理解できないのではないかと思い，最初の導入を発展させるつもりで，もう1人の生徒に参加させて，2つ目の導入を作った。その後，簡単に「現在完了の経験」について日本語で説明する必要があろう。
　次に新しい語句の導入である。絵など様々な補助教材を使って，「英英辞典」（English-English dictionary）の要領で，それぞれの語句を英語で説明することに，チャレンジして欲しい。もちろん生徒の状況によっては，日本語を使って単語等の意味を確認すればよい。
　最後に本文の導入である。本文は会話文であるが，その場の状況を伝えるための説明の部分と，本文の中で使われている会話表現をうまく組み合わせて，導入の英文を作る。生徒はテキストを見ておらず，教師の英語だけが頼りなので，補助教材として絵を使うか，実際に何種類かの水着を持ってくるなどして，視覚にも訴えながら，導入する方法を考えるとよい。その後，導入した内容が理解できたかどうかを確かめるために，英問英答をする。

【新教材の練習】
　この部分は，授業案に示した順で手際よく進めればよい。生徒が授業に積極的に参加しているかどうかは，生徒が発音する英語の声の大きさである程度知ることができる。全体練習だけでなく，個人を指名して音読させ

たり，発表させたりすることで，個々の生徒の授業への参加の度合もある程度，把握することができる。
【まとめ】
　この時間は，店で買い物をする場面である。そこで，英語で買い物をするときによくあるやりとりを，「まとめ」で取り上げることにした。授業案にあるような簡単な会話を事前に印刷しておき，空所に好きな語を生徒に補充させながら，練習してはどうであろうか。最後に，次の時間につながるような宿題を用意する。

3.2　高等学校の授業で

　高校での授業の実際をOCIについて述べることにする。筆者自身がどのような達成目標を持って，その授業を構成しようとしているか，理解して欲しい。

(1)　TT（team teaching）を考え直す
　40人のクラスをALT（assistant lauguage teacher）とJTE（Japanese teacher of English）の2人で受け持つ典型的なTTの授業をおよそ10年前から実施してきた。ただ，40人授業のTTの最大の欠点は，OCの授業であるにもかかわらず，生徒数が多すぎること，そのために発言の機会が少なくなること，そしてALTと直接，英語で話をする機会が少ないことなどであり，改善すべき点も多くあった。
　そこで，平成15年度に，よりcommunicativeでinteractiveな授業を目指すSELHi（Super English Language High School）の指定を受けたのを契機に，平成15年10月から各クラスを2分割し，ALTとJTEが教材に関連を持たせながらも，それぞれ独自の教材を使い，単独で20人クラスで授業を行う試みをした。ここでは，平成15年10月から実施したJTEによる20人授業のOCIでの1時間の流れについて述べることにする。
【生徒によるスピーチ】
　夏休みと冬休みにスピーチの原稿を書く宿題を出し，各授業の最初15

分程度を使って，2人ずつスピーチをさせた。夏休みの宿題のテーマは "The Selfless Person in my Neighborhood," 冬休みのそれは "My Treasure," "My Favorite Sport" など，自分自身を紹介するものとした。原稿をできるだけ見ないで，聴衆の顔を見てスピーチをするように指導したが，その目標を充分には達成できなかった。

　また，スピーチを通してinteractiveな活動ができるだけ行われるように，スピーチの後に，その内容についての質問をスピーカーに義務付けた。当初は聴衆からの自発的な英語による質問を期待したが，活発な応答は難しいと判断し，次善の策をとることにした。

【会話練習】

・「音読練習」（reading practice）

　ここでは，「創作英会話」及び「発表」の元になる，まとまりある内容の会話文を音読練習させた。与えられた会話文を音読させ，この練習の終わりの段階で，できるだけ文字を見ないでその英語が口から出てくることを目標に指導した。そのためにrepeatingによるだけではなく，look up and say（モデルの音声が流れているときはテキストを見て，繰り返すときはテキストから目を離す方法）も使うことにより，視覚にできるだけ頼らずに発音させ，より効率的に会話文が定着することを目指した。

　また一歩進んで，overlappingやshadowingなどを取り入れて，より刺激的で，より効率的な音読練習を試みた。これらの方法を授業中に用いることで，提示された英文をできるだけ文字に頼らずに，習得する方法を生徒に実感させることができると考えている。

・創作英会話

　この部分では，2つのタイプの創作英会話を考えている。ひとつ目は「音読練習」で定着しつつある，まとまった会話文のあとに，生徒が独自につなげるもの。もうひとつは「音読練習」の会話文を参考にしながら状況などを変えて，生徒が独自のものを作るものである。

・発表

　これは「創作英会話」を全員の前で演じる活動である。声がよく出て

いるか，視線を有効に使っているか，できるだけ実際に近い雰囲気や内容で会話が行われているかが，「評価」(evaluation) のポイントである。OCI の授業だけではなく，このような発表形式で成果を示す授業が，他教科，科目でも増えることを願っている。

【聞き取り練習】

interactive な活動を目指す OCI の授業には，「聞き取り練習」はふさわしくないかもしれない。しかし，ここであえて「聞き取り練習」を入れたのは，全ての言語活動の基本は listening にある，と考えているからである。できるだけ内容のおもしろい教材を選ぶようにし，クイズ形式で答えられるような設問を多くした。また，正解を確認した後に，スクリプトを配布し，直前に聞いた英文を印刷物で確認させた。

(2) JTE 単独の OC

OCI の授業を ALT と JTE で TT をするだけで，OCI の授業目標のかなりの部分が達成されたように思える。しかし，この 20 人授業では，クラスを 2 分割して，通常の半分で授業することも，OCI では必要と考えて，あえて ALT，JTE がそれぞれ単独で授業を構成した。最近では，すばらしい音声教材が市販されており，授業中にそれらの教材を活用すれば，ALT の役割をかなりカバーすることができると考えている。

4. むすび

この章ではどのようにすれば，よりよい授業をすることができるかを考えてきた。「学習指導要領」「文部科学省検定教科書」「教材研究」「綿密な指導内容と手順の検討」「英語力」「背景知識」そして「教師としての熱意」の 7 つを，この章をまとめるにあたってのキーワードにしたい。

学習指導要領に基づいて編集された教科書を用いての授業では，教えようとする生徒を念頭において，充分な時間を教材研究に費やさなければならない。また実際に 1 時間の授業をするにあたっては，綿密な指導内容と手順の検討が必要である。授業は生きているので，どのような流れになっ

ても，対処できるように細心の注意を払って，授業準備をすることが望ましい。さらにより魅力的で，興味深い授業を展開するには，教師自身が英語学習者として，日々，英語力向上に励み，英語のより深い知識と見識を持っていなければならない。特に高校で教える場合には，多岐にわたる教材に柔軟に対応できるように，幅広い背景知識を持っていることも必要だ，と考えている。そして，上に述べたようなことを実行させるのは，生徒を思う教師としての熱意と情熱であることは言うまでもない。

参考文献
島岡丘，青木昭六（監修）（2003）*Sunshine English Course 2*，開隆堂
中田清一他（編著）（2003）*Prominence English I*，東京書籍
安藤昭一（監修）（2003）*Mainstream Writing Course*，増進堂
文部省（1999）『高等学校学習指導要領』（平成11年3月告示）[文部科学省]
─── （1998）『中学校学習指導要領』（平成10年12月告示）[文部科学省]

研究課題
(1) 現在分詞，過去分詞の提示順を中学校検定教科書間で比較・検討し，それぞれの意図について考察してみよう。
(2) 本章の授業案を参考にして，実際に教材を教科書から選定し，授業案を書いてみよう。
(3) 学習指導要領を読み，中学校教科書で教えることのできる英語（言語材料，語彙など）について正確に把握しておこう。

（山田　学）

第8章

測定・評価から
評定・通知まで

1. 測定から通知まで──重要性と責任の重さ

　16世紀から17世紀にかけて生きた科学者ガリレオは,次のような言葉を残している。

>　*Measure what is measurable. What is not measurable, make measurable.*　　　　　　　　　　　― Galileo Galilei（1564-1642）
>　　　（測れるものは測れ。測れないものは測れるようにしてしまえ。）

　正確に測ることへ執念を燃やした科学者ガリレオの真骨頂を示す言葉といえよう。しかし我われが置かれている教育の世界では,「測定」(measurement)だけで話はおわらない。測った結果を集め,関心・意欲・態度などの観点を加え,教師の判断のもと,「評価」(assessment)をしなければならないのである[1]。さらに,その評価を5・4・3などの値にかえて「評定」(rating)し,生徒本人や保護者に対して「通知」(reporting)することも求められる。加えて,この一連の過程において,正の「波及効果」(washback)を伴うことや,「説明責任」(accountability)を果たすことも必要とされる[2]。つまり教育の世界では,測ることは始まりにしかすぎず,そのあとに続く一連の流れも十分に考慮しなければならないのである。この章では,「測定」から始まる過程を「通知」まで順を追って概観し,それぞれの段階における基礎概念と問題点を押さえながら,教師に課せられた責任の重さについて考えていくことにしたい。

2. 測定

2.1 テストの三要素

　英語教育の分野において,「測定」の際にもっともよく利用されるのがテストである[3]。テストを語る際には,「信頼性」(reliability),「妥当性」(validity), そして「実施可能性」(practicality または feasibility) の3つの要素を考慮に入れる必要がある (Lado, 1961)。まず信頼性は, 測ろうとしている能力が安定して測定できているかどうか, を示す指標である。信頼性の高いテストでは, そのテストを同じ生徒があまり間をあけず受けた場合,（2回のテストの間隔が短く, その間に学習をしていないということを仮定すれば）同じようなスコアが出ることになる。妥当性は, 測ろうとしている対象が余すところなく測定できているかどうか, を示す指標である。たとえばリスニング能力を測定する際に, リスニング能力の一部を構成する /l/ と /r/ という音素の聞き分け（識別）能力のみを測定したのでは, 妥当性が低いということになる。信頼性と妥当性がともに高いテストであっても, 実施する際に高額な費用が必要となったり, 試験時間が長時間におよんだり, あるいは特別な設備を必要としたりするようでは, 実施に困難が生じる。この場合は, 実施可能性が低いテストということになる。テストを作成する際には, これらの三要素に加えて, 正の波及効果が出るように留意しなければならない。つまり, そのテストをおこなうことにより, 生徒の学習が促進されなければならないのである。

2.2 テストの種類

　さて, そのテストを分類する際には, 実施目的が1つの分類基準となる。あるテストが, 授業で教えた内容の定着度を測定するために実施された場合, このテストは「到達度テスト」(achievement test) とよばれる[4]。到達度テストでは, 授業で学んだことがどれくらい定着しているかの測定に焦点があてられるべきであり, どれくらい定着していないか, という側面を強調してはならない (Harmer, 2001)。この種のテストは, うまく作成・実施できれば, 生徒の弱点だけでなく, 教師の教え方や教

材，カリキュラムの問題点までも浮き彫りにすることができる。一方，生徒の全体的な英語能力を測定するテストは，「熟達度テスト」(proficiency test) とよばれる。TOEIC や TOEFL といったテストは，典型的な熟達度テストである。この種のテストでは，現実生活で必要とされる言語行動（たとえば留学先での勉学）に，受験生がどの程度熟達しているのかが測定される。職業の選択や昇進の決定，留学の受け入れなどの「重大利害」(high-stakes) と関わる場面でしばしば利用されるため，そのスコアがひとり歩きして教育課程などを歪める場合もある。したがって，これらのテストのスコアの解釈にあたっては，十分な注意と配慮が必要となる。上記 2 つのテスト以外にも，クラス分けを目的とした「クラス分けテスト」(placement test) や，生徒の弱点を探るための「診断テスト」(diagnostic test) などが，目的別のテスト分類には存在している。

一方，対象技能や能力をどのように測定するのか，ということを基準にしてテストを分類する方法もある。たとえば，スピーキングの技能を測定するために「口頭運用能力インタビュー」(OPI: oral proficiency interview) テストをおこなう場合，生徒に英語面接をおこない，測定対象のスピーキング技能の習熟度を実際に測定しているため，「直接テスト形式」(direct testing) のテストと考えることができる[5]。これに対して，音声を聞くことなしに，等間隔にあいた空所を適語で埋める形式の「クローズ・テスト」(cloze test；例1参照) でリスニング技能を測定し

例1 クローズ・テストのサンプル（6 語間隔）
They sat on a bench attached _____ a picnic table. Below them they _____ see the river gurgling between overgrown _____ . The sky was diamond blue, with _____ white clouds dancing in the freshening _____ . They could hear the call of _____ and the buzzing of countless insects. _____ were completely alone ...

(Harmer, 2001 より改編)

ようとする場合は，実際にリスニングがおこなわれていないため，「間接テスト形式」(indirect testing) のテストと考えることができる[6]。また，インタビューやエッセイ・ライティングのように複数の技能を統合的に利用して解答することを求めるテストは，「統合的テスト形式」(integrative testing) とよばれ，文法項目，発音項目のように1つの項目に焦点をあてて測定をおこなおうとするテストは，「個別要素テスト形式」(discrete-point testing) とよばれる。

2.3 テスト結果の解釈

テストの結果は，100点や80点のような「素点」(raw score) という形で提示されることが多いが，素点にはいくつかの問題がある。たとえば，ある100点満点の英語テストで，素点が20点のA君，60点のB君，100点のC君の3名がいたとする。この3名の点数の開きはいずれも40点ではあるが，A君とB君の間の40点差が意味することと，B君とC君の間の40点差が意味することは異なるはずである。またC君の素点は100点であるが，この100点は彼の英語能力が完ぺきということを意味しているわけではない。さらに，もし100点以上のスケールがあった場合は，120点なのか，150点なのかも不明である。これ以外に，異なるテストの素点を比較しても，その比較自体に意味がないという問題も存在している。なぜならば，平均点や点数のばらつきが異なるテスト同士（たとえば，テストAは平均点が40，ばらつきを示す標準偏差が20，テストBは平均点が70，標準偏差が10）では，たとえ同じ80点という素点であったとしても，その80点の意味することは明らかに異なるからである（竹内，2002）。

そこで以上のような問題を回避するために，点数分布の中心を示す「平均」(mean) や点数のばらつきを示す「標準偏差」(standard deviation) などの「パラメター」(parameter) を利用して，素点を数学的に変換していく処理が必要となる。この処理の方法としてもっともよく利用されるのが「偏差値」(T-score) 化であり，この処理をおこなうと，点数の分布はすべて平均が50で標準偏差が10となり，複数のテスト結果

を同一のスケール上に置くことが可能となる。これに伴い，上述したようなさまざまな問題が解決されていくことになるので，素点そのものを使ってテスト結果を解釈するよりも，偏差値などを使う方が好ましい方法であると考えられる[7]。

式1　標準偏差（standard deviation）の計算式
標準偏差
$= \sqrt{(各素点と平均点の差を二乗したものの合計) \div 人数}$

式2　偏差値（T-score）の計算式
偏差値 $= 50 + \{(素点 - 平均点) \div 標準偏差\} \times 10$

2.4　テスト項目の改善

「テスト項目」（小問：item）の善し悪しは，どのように判定すればよいのであろうか。その判定の基準としては「項目容易度」（item facility），俗にいうところの正答率がよく利用される。これは，あるテスト項目の正解者数を全受験者数で割った値であり，0から1までの範囲の値をとる。一般的には，0.5から0.6程度の値を持つ項目が良いテスト項目であるといわれるが，0.1であっても0.9であっても一概に悪い項目とはいい切れない（靜，2002b）。その理由は，もう1つの判定基準である「項目弁別力」（item discrimination）の値と項目の良し悪しが密接に関係しているからである。項目弁別力は，-1.00から1.00の範囲の値をとり，英語能力上位群の受験者がある項目に全員正解し，下位群の受験者がその項目に全員間違えれば，1.00となる。逆に上位群の受験者がある項目に全員誤答し，下位群の受験者がその項目に全員正答すれば，値は-1.00となり，弁別力の低い項目とされ，改善が必要となる[8]。なお，項目の改善には，指示文の曖昧さを減らすことや，選択肢を入れ替えること，選択肢数を変更することなどが効果的とされている[9]。

式3　項目容易度（item facility value）の計算式
　項目容易度＝（正答数）÷（解答者総数）

式4　項目弁別力（item discrimination value）の計算式
　項目弁別力＝｛（上位群の正答数）－（下位群の正答数）｝÷（上位群あるいは下位群の解答者数*）
　　* 上位群および下位群の区分は，対象となる項目を含むテストの総得点数を利用して決定し，各群の人数は必ず同数とする。なお，各群の人数が同数とならない場合，つまり解答者の合計人数が奇数の場合は，ランダムに1名を削除してから上位群と下位群を決定する。

3．評価

3.1　評価の種類

　評価とは，測定したデータにその他の要素を加味し，総合的な判断をくだすことを意味する。評価の方法を大別すると，「相対評価」と「絶対評価」に分類することができる。前者は別名を「集団基準準拠評価」（norm-referenced assessment）といい，ある集団の中での個人の位置づけを通して評価をおこなう方法をさす[10]。後者は，「目標基準準拠評価」（criterion-referenced assessment）ともよばれ，あらかじめ設定された目標の達成度合いをもとに評価をおこなう方法をさす。現在，中学校などの教育現場では，相対評価から絶対評価への流れが急速に進んでいる（松沢，2002）[11]。しかし一方で，社会人や大学生の英語力評価，大学の価値評価などは，相対的なものへと急速に変化しつつあることも見過ごしてはならないであろう（守，2003）[12]。

3.2　相対評価

　相対評価の場合，ある生徒の評価は，他の生徒との優劣比較で決められることになる。また，評価結果の分布は，次頁の図1に示した「正規分布」（normal distribution）となることが望ましいとされる。評価結果

は，40人中3番や5段階中の4のように数値で提示されることが多いが，この数値は「現実世界において何ができるのか」といった情報をほとんど提供しないのが特徴である。

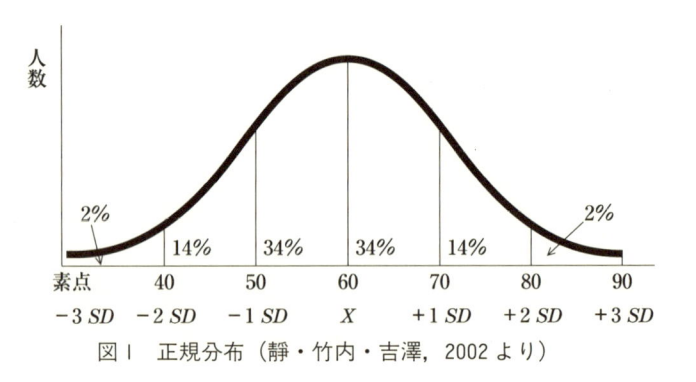

図1　正規分布（靜・竹内・吉澤，2002より）

　相対評価は生徒の選別に適した評価方法であり，生徒間の競争を促進する傾向がある。しかしながら，この評価法のもとでは，上位の生徒が成績を落とさない限り，下位に位置する生徒は評価をあげることが難しいなどの問題点がある。また相対評価の結果は，準拠する集団の質により異なる。たとえば，進学校における5段階評価の5は，普通の学校における5段階評価の5の意味する内容とは異なる。さらに，少人数の集団では正規分布になりにくく，相対評価それ自体が難しくなるという欠点も存在している。

3.3　絶対評価

　絶対評価では，あらかじめ定められた目標を達成できたか否か，が評価の基準となる。本来は図2に示したように，「分割点」（cut-off point）を境に，目標を達成できた（pass）か達成できなかった（fail）かの2つしか区分が存在しない。ただし2002年から実施の学習指導要領（中学校）で導入された「目標に準拠した評価」では，A，B，Cの3区分に評価が分けられる。定められる目標は「〜を…できる」のように記述されるため，目標の一覧のことをcan-do listとよぶ場合がある。

例2　中学校で利用されているA，B，Cの3区分
　A　「十分に満足できる状況」
　B　「おおむね満足できる状況」
　C　「努力を要する状況」

　絶対評価では，目標が明確なため教育指導がしやすい。また目標と分割点の徹底を通して，全国の学校で一律の教育内容を実施することも，理論上は可能である[13]。さらに，すべての生徒が目標さえ達成できれば高い評価を得ることが可能なため，やる気を引き起こす評価法ともいえる。反面，目標や分割点が低すぎると競争が起らなくなり，能力の高い生徒がやる気をなくす危険性を持つ。また，評価の目的の1つである選別には向いていない。さらに，同じ「達成」（pass）であっても，ギリギリの達成（図2のb点）もあれば余裕をもっての達成（図2のa点）もあり，このような違いを評価しにくいという欠点もある。

　なお，絶対評価を実際におこなった場合，図2の実線で示したような理想分布が出現することは少なく，破線のような「ふたコブ」（bi-modal）の分布が出現する場合が多い。このふたコブの分布は，能力が異なる2つのグループが1つのグループにまとめられた場合に出現しやすい。つまり，絶対評価をおこなった場合でも，「能力別編成」（streaming あるい

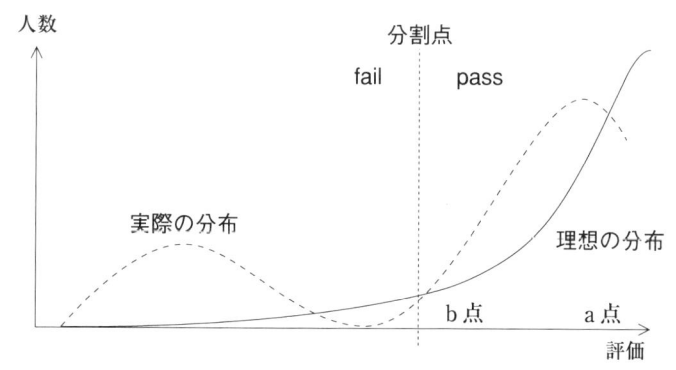

図2　絶対評価の理想分布と実際の分布：模式図

は track system）の必要性はなくならないのである。

3.4 観点別の学習状況評価

絶対評価（つまり目標基準準拠評価）をおこなう場合には，目標をはっきりと示すことがきわめて大切となる。小学校，中学校，高等学校といった日本の学校教育の場合，この目標は「学習指導要領」（course of study あるいは national curriculum standard）に具体的な方法をともなって提示されている[14]。一方，評価の具体的な内容や方法は，目標と連動した形で「生徒指導要録」（cumulative guidance record）に示される。これによると，中学校の場合は，4つの観点から学習状況を評価する必要があることがわかる(観点別評価)。4つの観点とは，「コミュニケーションへの関心・意欲・態度」，「表現の能力」，「理解の能力」，「言語や文化についての知識・理解」である。さらにくわしくみると，「表現の能力」は「話す」，「書く」の2つの技能から，「理解の能力」は「聞く」，「読む」の2つの技能から構成されている。また，最後の「言語や文化についての知識・理解」は，いわゆる「言語の意識化」（language awareness）と「文化の意識化」（culture awareness）に相当するものであり，言語に関しては，その仕組みや働きを意識すること，文化に関しては，言語使用の前提となる背景知識の習得を含んでいる。なお高等学校の場合は，観点別の評価こそ求められていないが，中学校と同様の4つの観点を踏まえながら評価するよう，工夫が求められている。

4. 評定

「評定」（rating）とは，評価の結果を「5から1」の5段階や「甲乙丙丁」のような4段階，あるいは「A，B，C」のような3段階に変換する行為のことをさす。上述のような数値やカテゴリーを使わずに文章で示す場合，これを「評言」（comments）とよぶ。

中学校を例にとって考えてみると，毎回の授業中に，前述した4つの観点別でA，B，Cの3段階（例2参照）を利用して目標の到達度を評価

し，学期末および学年末にこれを集約して，5段階で評定を出すことになる。さらに高校入試の際に提出する「調査書」（いわゆる内申書：school report）を作成する段階では，絶対評価の5段階を相対評価の10段階に換算して評定している例や，絶対評価の評定とその相対評価への換算値を併記している例も存在している[15]。このような移行期の混乱が生じている理由は，学習指導要領の改訂を議論した教育課程審議会（2000）が，「調査書の各教科の評定を指導要録に合わせて目標に準拠した評価とするか，集団に準拠した評価とするかなど，具体的な取扱いについては，従来どおり，各都道府県教育委員会等の判断において適切に定めることが適当と考える」と答申したためである。しかし同審議会答申は，同時に「調査書の評定を目標に準拠した評価とするための努力が行なわれることを期待したい」とも述べているため，絶対評価と相対評価の2評価システムの併存は，近い将来，一旦解消の方向に向かうものと考えられる。ただし，絶対評価にもとづく評定を含む調査書は，入試の合否判定（つまり生徒の選別）には利用しづらいとして，相対的な評価法を求める動きも一方で根強く残るものと予測される[16]。この相反する動きは，評価の持つ二面性，つまり「教育的側面」と「選別的側面」の葛藤を如実に示す例であり，教育に携わるものすべてが，これからも直面し続ける問題といえよう。

5. 通知

　学校教育において，正式な「通知」（reporting）は「通知表」（reporting card）を用いておこなわれることが多い。これに加えて，（生徒，保護者との）「面談」（consultation）なども通知の一端を担う場合がある。これらの通知方法は，1学期ないしは1学年の「総括的」（summative）な意味合いを帯びることが多いが，この中でも通知表の評言部分は，「総括的」な側面と「形成的」（後述）な側面をあわせ持つものと考えられる。一方，毎回の授業で与える「フィード・バック」（feedback）のようなものも，通知の一種と考えることができる。この場合，通知は「形成的」（formative）に，つまり指導や学習の確認・修正のために利用されるこ

とになる。

　この通知においては,「説明責任」(accountability) が強く求められる。つまり,「目標は何だったのか」,「目標の達成度をどのように評価したのか」,「評価の材料を集める測定はどのようにおこなったのか」,「評価をどのように評定したのか」などを,生徒や保護者に対して,わかりやすく説明できなければならないのである。これは「総括的」な通知において特に顕著に要求されることであり,そのため最近の通知表には,「通知表の見方」として「観点の説明」,「観点別評価の方法」,「総合評価の方法」などがくわしく説明されている(例3参照)。さらに,評言のスペースが多く確保され,学級担任だけではなく,教科担当者からも詳細な記入ができるようになっているものもある。また新しい動きとして,通知表を読んで生徒自身が「どのように感じたのか」,「何を改善すべきだと思ったのか」を記入する欄や,保護者が生徒の学習姿勢を「どのように感じたのか」を記入する欄も含むものがあり,結果のみの通知表から,改善への助言や自己省察の促進手段をも含む通知表へと変化しつつあることがわかる。

6.　おわりに

　本章では,「測定」から「評価」,「評定」,そして「通知」までの流れを概観した。この過程で,「測る」ことは始まりにしか過ぎず,そのあとに続く「判断」や「選択」,「配慮」の連続がいかに重要であるのかを認識することが,教育に携わるものにとっては重要であることを強調した。また「測る」際に,教育課程や教育内容を歪めないような注意が必要であることも指摘した。このような注意は,社会的注目の度合いが高く,また必ずしも専門的知識を持たない人間が発言することの多い英語教育の分野においては,特に重要である。測定であろうと,評価であろうと,評定であろうと,通知であろうと,教育に携わるものがしっかりとした知識と見識を持ち,あやまった流れが生じている場合には積極的に発言して,その流れを修正するような姿勢が,これからは,ますます求められる。教師に課せられた責任は非常に重い。

例3　通知表における説明部分：実際例より（許可を得て転載）

a) 通知表の見方に関する全体的な説明

| 通知票の見方 |

○「到達している」とは，目標とする各教科の学習内容がほぼ理解できていることを意味します。
○「学習状況」には，その学期における各教科の学習状況をいくつかの観点で評価したものと，それらを含んだ総合的な評価を記録しています。これらの評価は現時点での学習の状況を示したものであり，今後の取り組みによって変わるものです。生徒の励みになるようにご活用いただきたいと思います。

◇各教科の観点別評価について
　学習の内容に応じて教科ごとに複数の観点項目を設定しています。他との比較ではなく，教科の目標に対する生徒個人の到達の度合いを3段階で評価しています。
◇各教科の総合評価について
　観点別評価をもとに，学習内容についての理解だけでなく，日常の取り組みなども含めて教科として総合的な力を5段階（選択教科は3段階）で評価しています。

○取り組んでいない項目については，斜線が入っています。
○評価の基準

必修教科		選択教科	
観点別評価	総合評価	観点別評価	総合評価
到達している	A：十分到達している B：到達している	十分到達している ほぼ到達している	a．十分到達している b．ほぼ到達している
努力が必要	C：もう少しで到達する D：到達までに努力が必要	かなりの努力が必要	c．到達までにかなりの努力が必要
かなりの努力が必要	E：到達までにかなりの努力が必要		

b) 英語科の観点別評価に関する説明
〈英語科〉

学習への取り組み	ノートやプリントを整理する力。宿題，提出物，授業に取り組む姿勢（積極性・発言の様子・忘れ物）。小テストへの取り組み。
読む力・聞く力	英語を聞いてその内容を理解する力，単語を正しく発音したり，英文を正しく読んだりする力を持っているか。
単語・熟語	単語や連語（熟語）などをきっちり覚えているか。
知識・理解	音声，文法，英作力，ヒヤリングなど総合的な力を持っているか。

c) 総合評価に関する説明

◇総合評価について

　観点別評価と定期テスト（点検テストを実施した場合を含む）の得点の平均点をもとに，他との比較ではなく，教科の目標に対する生徒個人の総合

A	十分到達しています。
B	到達しています。
C	もう少しで到達します。
D	到達までに努力が必要です。
E	到達までにかなりの努力が必要です。

的な到達の度合いを右表の通り5段階で評価します。

※1・2年生の通知票の評価には，春休み・夏休み後の点検テストを含みます。

※3年生の実力テストは，通知票の評価には含みません。ただし，高校等の入試の際に作成する調査書に記載する相対評価には含みます（4月の実力テストは除きます）。

※通知票の配布時に，総合評価のAとBの合計人数についてお知らせします。

◎定期テストの到達点について

　定期テストの「到達点」は，「テスト範囲の学習内容がほぼ理解できているかどうか」の目安となる基準点で，テストごとに各教科が設定します。また，「学年だより」で，各教科ごとにテストの「到達点」「到達人

数」「平均点」「得点分布の様子」「教科担当からの講評」をお知らせします。

〈国語科〉〈社会科〉〈数学科〉〈理科〉〈英語科〉

※五教科を統一して表にまとめていますが，各教科のテストの難易度により，評価基準を変更する場合もあります。

＊社会科及び理科の観点「調査・研究する力」「科学的な思考」「実験・観察」を含む。

A	・テストの平均が90％以上で，全ての観点の評価が「到達している」である。
B	・テストの平均が90％以上で，観点の「学習への取り組み（＊）」の評価に「努力が必要」または「かなりの努力が必要」がある。 ・テストの平均が「到達点」以上で，観点の「学習への取り組み（＊）」の評価に「到達している」または「努力が必要」がある。
C	・テストの平均が「到達点」以上で，観点の「学習への取り組み（＊）」の評価に「かなりの努力が必要」がある。 ・テストの平均が50％以上で，観点の「学習への取り組み（＊）」の評価に「到達している」または「努力が必要」がある。
D	・テストの平均が50％以上で，観点の「学習への取り組み（＊）」の評価に「かなりの努力が必要」がある。 ・テストの平均が30％以上で，観点の「学習への取り組み（＊）」の評価に「到達している」または「努力が必要」がある。
E	・テストの平均が30％以上で，観点の「学習への取り組み（＊）」の評価に「かなりの努力が必要」がある。 ・テストの平均が30％未満である。

注

＊本章を作成するにあたり，平成16年度関西大学学術助成基金（奨励研究）研究課題「絶対評価の時代における測定・評価・通知のあり方について」の補助を受けた。ここに記して感謝したい。

1) 「評価」の英語訳には evaluation や appraisal なども考えられるが，ここでは生徒に対する評価であるということを勘案して，assessment という訳語を採用した。なお evaluation については，assessment とほぼ同義で利用される

ことも多いが，シラバスや教材の評価の際に限って使われることもある。また，appraisal は教師の活動評価のような場合に利用される傾向がある（松沢，2002）。なお評価は，生徒に対してのみおこなうものではなく，教師，シラバス，教材・タスクに対してもおこなわれて初めて完結するものである，ということを忘れてはならない。

2) 「波及効果」の英語訳としては，backwash が利用されることもある（Harmer, 2001）。波及効果には「正の（positive）波及効果」と「負の（negative）波及効果」が考えられるが，通常「波及効果」とのみ書かれている場合は前者をさすことが多い。なお，波及効果に関する研究の詳細は，Alderson and Wall（1993）や Bailey（1996），Watanabe（1996）などを参照のこと。

3) 評価の材料を集める際に，必ずしもテストのみに頼る必要がないことも留意すべきであろう。出席率や授業中の行動観察，質問の状況なども重要な材料となる。なお，最近では，ノート，テスト，課題，作品，学習日誌などを集めた学習記録ファイル「ポートフォリオ」（portfolio）を利用して評価をおこなう動きもある（Black and Daiker, 1994）。

4) 「達成度テスト」という場合もある。

5) 「口頭運用能力インタビュー」（OPI）テストについては，靜・竹内・吉澤（2002）の文献リストなどを参照のこと。また OPI の尺度や実施上の注意点に関しては，Harmer（2001）に詳しい。

6) 「クローズ・テスト」は J. W. Oller Jr. が提唱したテスト形式で，総合的な言語能力を測定するのに適したテストであるとされる（Oller, 1979）。また，このテストのスコアは，リスニングテストのスコアと相関が高いことが知られている。くわしくは，靜・竹内・吉澤（2002）を参照のこと。「間接テスト形式」の他の例としては，ターゲットとなる単語と発音が同じ単語を紙の上に書いた語群の中から選ばせたり，アクセントの位置を紙の上にかいた単語の分節区分から選ばせたりする paper-pencil 型の音声テスト項目があげられる。この種のテスト項目は信頼性が非常に低く，使用すべきではないとされているが（Buck, 1989），いまだに大学入試などに出題されることがある。

7) 「偏差値」（T-score）以外にも Z-score がある。Z-score の場合，平均が 0 で標準偏差が 1 となる。T-score や Z-score に変換することを「標準得点（standard scores）化」という。

8) 一般的に，0.25以上の値が出れば良い項目とされるようであるが，項目容易度などとも関連づけながら判定していく必要があろう。なお，「項目弁別力」の値は受験者が均質な場合に低くなる傾向にあるので，「項目分析」（item analysis）をおこなう際には，受験者の特徴も十分考慮にいれるべきである。
9) 選択肢数に関しては4肢から5肢を推奨する研究も多いが，Shizuka, Takeuchi, Yoshizawa, and Yashima (in press) は，3肢選択でも信頼性の面で問題がなく，問題作成や解答の経済性を考えた場合，むしろ3肢選択の方が望ましいとの主張を展開している。
10) 相対の考え方を，その心理学的測定の特徴をとらえて psychometric とよび，絶対の考え方を，その教育学的測定の特徴をとらえて edumetric とよぶ場合もある。
11) 8,503人を対象とした朝日新聞とベネッセ未来教育センターの共同調査（朝日新聞，2004年4月5日記事）によると，絶対評価への移行に賛成の保護者は10％で，どちらかといえば賛成が33.7％，どちらかといえば反対が19.4％で，反対が6.8％であったという。また，わからないと回答した者が26.6％もおり，新しい評価法への戸惑いが感じられる。
12) 社会人や大学生の英語力は，TOEICなどの大規模集団基準準拠テストで評価される傾向が高まっている。また大学の評価は，従来ならば「大学設置基準」という基準をクリアすれば良かったが（絶対評価），近年はCOE（center of excellence）などに代表される「上位30校」のような相対評価へと移行しつつある（守，2003）。
13) 「理論上」は可能であるが，実際には目標の徹底や分割点の統一，評価法の統一などが難しく，現実には全国一律の評価が達成されているとは言いがたい。
14) 日本の学校教育以外の例としては，たとえばEU（欧州共同体）の言語教育目標に関して，*Common European Framework of Reference for Languages* が示されている（Council of Europe, 2001）。
15) 本章執筆時における状況。調査書の書き方は都道府県別に異なる。
16) たとえば，朝日新聞記事（2002年10月20日）に，東京私立中学高校協会の同趣旨のコメントが掲載されている。

参考文献

Alderson, J.C. and D. Wall (1993) "Does Washback Exist?" *Applied Linguistics*, Vol.14, No.2, pp.115-129.

Bachman, L.F. and A.S. Palmer (1996) *Language Testing in Practice*. Oxford: Oxford University Press. [大友賢二・R. スラッシャー (訳) (2000)『実践言語テスト作成法』, 大修館書店]

Bailey, K.M. (1996) "Working for Washback: A Review of the Washback Concept in Language Testing," *Language Testing*, Vol.13, No.3, pp.257-279.

Black, L. and D. Daiker (1994) *New Directions in Portfolio Assessment*. Portsmouth: Heinnemann Boynton / Cook.

Brown, J.D. and T. Hudson (2002) *Criterion-Referenced Language Testing*. Cambridge: Cambridge University Press.

Buck, G. (1989) "Written Tests of Pronunciation: Do They Work?" *ELT Journal*, Vol.43, No.1, pp.50-56.

Council of Europe (ed.) (2001) *Common European Framework of Reference for Languages: Learning, Teaching, Assessment*. Cambridge: Cambridge University Press.

Harmer, J. (2001) *The Practice of English Language Teaching*. London: Pearson / Longman. [斎藤栄二・新里眞男 (訳) (2003)『実践的英語教育の指導法—4技能から評価まで』, 第10章 拙訳「学習者の能力とテスト」, ピアソン・エデュケーション]

国立教育政策研究所教育課程研究センター (2002)『評価規準の作成, 評価方法の工夫改善のための参考資料 (中学校) —評価規準, 評価方法等の研究開発 (報告)』, 国立教育政策研究所

教育課程審議会 (2000)『児童生徒の学習と教育課程の実施状況の評価の在り方について (答申)』

Lado, R. (1961) *Language Testing: The Construction and Use of Foreign Language Tests*. London: Longman. [門司勝也ほか (訳) (1971)『言語テスト—外国語テストの作成とその利用』, 大修館書店]

松沢伸二 (2002)『英語教師のための新しい評価法』(佐野正之・米山朝二監

修），大修館書店

守　一雄（2003）「絶対評価と相対評価」*JUAA*, No.31, p.9.［(財) 大学基準協会］

Oller, J. W. (1979) *Language Tests at School*. London: Longman.

靜　哲人（2002a）『英語テスト作成の達人マニュアル』，大修館書店

───（2002b）「正答率 90 ％の問題はダメな問題か？―正答率という項目特性を考える―」靜哲人・竹内理・吉澤清美（編著）『外国語教育リサーチとテスティングの基礎概念』，関西大学出版部，pp.10-19.

靜　哲人・竹内　理・吉澤清美（編著）（2002）『外国語教育リサーチとテスティングの基礎概念』，関西大学出版部

Shizuka, T., O. Takeuchi, K. Yoshizawa, and T. Yashima (in press) "A Comparison of Three- and Four-Option English Tests for University Entrance Selection Purposes in Japan," *Language Testing*.

竹内　理（2002）「英語と数学の点を足すと…―テストの点数が意味するもの―」，靜哲人・竹内理・吉澤清美（編著）『外国語教育リサーチとテスティングの基礎概念』，関西大学出版部，pp.3-8.

若林俊輔・根岸雅史（1993）『無責任なテストが「おちこぼれ」を作る』，大修館書店

Watanabe, Y. (1996) "Does Grammar Translation Come from the Entrance Examination？―Preliminary Findings from Classroom-Based Research." *Language Testing*, Vol.13, No.3, pp.318-333.

より進んだ読者のために

Bailey, K.M. (1998) *Learning about Language Assessment: Dilemmas, Decisions, and Directions*. Boston: Heinle & Heinle.

平田和人（編著）（2002）『中学校英語科の絶対評価規準づくり』，明治図書

───（編著）（2003）『中学校英語科絶対評価の方法と実際』，明治図書

Hughes, A. (2003) *Testing for Language Teachers*. Cambridge: Cambridge University Press.［靜　哲人（訳）（2003）『英語のテストはこう作る』，研究社］

池田　央（1992）『テストの科学―試験に関わるすべての人に』，日本文化科学

社
根岸雅史（1993）『テストの作り方』，研究社
豊田秀樹（2002）『項目反応理論　入門編—テストと測定の科学』，朝倉書店

研究課題
(1) スピーキングの能力を測定する具体的な方法を調べよう。
(2) 中間・期末テストの波及効果を最大にする方法を考えよう。
(3) 学習指導要領でいうところの「関心・意欲・態度」を測定・評価する方法を考えてみよう。
(4) TOEICテスト高得点者の，（測定対象）言語行動の習熟度合いを，実際の場面で調べてみよう。

　　　　　　　　　　　　　　　　　　　　　　　　　　（竹内　理）

第9章

早期英語教育の
現状と課題

1. 早期英語教育の意義

1.1 早期英語教育とは

「早期英語教育」(English teaching starting in early stages before entering junior high schools) というときには，中学進学以前に子どもたちに英語を習得させる目的で行われるものを指していたが，実際には小学校就学年齢以下の子どもたちも含むために，その指導内容も指導方法も多様を極めていた。小学生を対象とする民間英語教室の数が増えはじめた25年位前から，「児童英語教育」(teaching English to children) という呼称が一般的になり，1980年に発足した学会名も「日本児童英語教育学会」となった。

しかし，言語習得の観点から開始期を論ずるには，学童を指す「児童」より，幼児も含む「早期」という呼び方で，中学校から開始される英語教育と別けて考えようとする動きも存続していた。小学校教育課程に何らかの形で英語を取り入れた授業が実践されるようになった今，中学校進学前の子どもを対象とする英語教育が多様化し，小学校と中学校とを連携させたカリキュラムも検討され始めているので，総括することが難しい状況である。

ここでは，主に小学校教育，中でも公立小学校で既に始まっている「英語活動」も視野に入れて，その内容や指導方法について述べてみたい。「英語教育」，「英語活動」，「英会話学習」と自治体ごとに言い方が異なっており，また，小学校英語について論ずる人の立場によっても，同じ用語

に込める意味合いが異なり、統一を欠くきらいもある。「英語の授業」と言いたいところだが、国際理解教育の一環としての体験学習であり、「英語を教えるのではない」という議論もあり、そのあたりを明確にすることが難しい。

この章では、「英語を取り入れた活動」を指して「英語の授業」と考え、そこで扱う英語の内容・指導方法を検討することにする。

1.2 早期英語教育の現状

公立小学校での英語指導が注目されているが、そのきっかけは1992年に大阪市立小学校の2校が研究開発校に指定されて、英語学習の導入の可能性を探る研究を始めたことが発端であった。その間の経緯については、多くの書物で言及されているので、ここでは詳しく説明することを避け、2004年現在の状況について触れておきたい。特にこの年度とするのは、年毎に状況が変化するので、現時点では2005年度以降の状況を予測することも難しいと感じているからである。

2002年秋に文部科学省から公表された数字では、全国で英語活動を実施している公立小学校は56.1％といわれたが、2004年になって、88.3％という高い数字が示された。県教育委員会だけでなく、市や郡部などの教育委員会が独自にALT（assistant language teacher［外国人補助教員］）を派遣して英語の授業を進めており、研究会やワークショップも独自に企画するところが多くなった。さらに小学校ごとに公開、あるいは校内研究会を行う動きから推察すると、英語活動を取り入れる方向で勢いを増しているように思われる。

2000年からの移行措置期間を経て、2002年から「総合的な学習の時間」が3年生以上に週当たり3校時（1校時＝45分）導入されたが、国際理解、情報、環境、福祉・健康という4本の柱の中の、国際理解というテーマで「外国語会話等を取り入れてもよい」ということであって、「英語を教える」ということではない。総合的な学習の時間の週3時間のうちの1時間、あるいは2時間を英語に当てるところもあれば、1学期に1回だけ学校全体で外国人を招いて交流活動をする学校もあり、各地方自治体

の判断により実にさまざまな教育活動が実施されている。しかも，総合学習は3年生から，となっているが，1年生から英語の授業を導入している学校も多く，その実態を把握し，教育活動の評価をすることは容易ではない。

現行の学習指導要領（文部省，1998）によれば，「国際理解に関する学習の一環としての外国語会話等を行うときは，学校の実態等に応じ，児童が外国語に触れたり，外国の生活や文化などに慣れ親しんだりするなど小学校段階にふさわしい体験的な学習が行われるようにすること。」としており，その授業形態や指導者の確保についても各学校の裁量により決めることができる。さらに，2002年を過ぎる頃から，自治体によっては，総合的な学習の時間の中の「英語活動」という枠から，「英会話学習」あるいは「英語教育」と改めて英語の運用能力を高めることを目的とした指導内容に一歩踏み出し，テキスト教材を作成したところもある。

そのほか，特別区域を申請し，英語を教えることを意図した指導内容と方法を導入し，英語を専門に指導する講師を採用するところもある。また，カリキュラムについても，小学校6年間と中学校3年間の9年間を4・3・2制の3つの段階に編成替えする学校や，他の教科も英語で教えようとする「イマージョン教育」（immersion education）を取り入れたところもある。したがって，学校間・地域間の格差が生ずることは止むを得ない状況である。

導入の初期には，非常に慎重だった小学校現場でも，10年近い経験を重ねて，子どもたちの英語活動に参加するときの明るく楽しげな態度を観察し，指導に当たる教師たちも自信を深め，積極的に授業回数を増やしていこうとする傾向がある。活動内容も学校独自のものを編み出し，ALTとの打ち合わせにも大分慣れて，中学校での英語学習とは違う，小学校ならではの英語の授業が始まっている。

1.3　子どもたちに英語に触れさせる意味

子どもたちは，英語だけでなく，何でも触れたものに対しての受容力が高く，与えられたものをそのまま真似をして吸収していく。新しい情報伝

達の手段である英語を聞いて，理解できる部分を捉えて反応し，情報を交換する面白さを一種のゲーム感覚で楽しむことができる。その活動を続けることで情報伝達の技能を高めていく。

　聞こえてくる英語をいちいち日本語で解説しなくても，分からないところは気にかけず，分かったところをつないで，その意味内容の全体を類推し，英語を使うことに「慣れ，親しむ」態度を身につけていく。このようにコミュニケーションの道具として英語を使いながら「英語運用能力」(ability to use English as a means of communication) を身につけていくことを，子どもを対象にした英語指導で重視したい。

　子どもたちが楽しく英語活動に参加できるのは，単なるゲームに仕組まれた英語を使った遊びではない。「全て英語だけで伝達が行われたのに分かった」という手応えがあると楽しくなる。精神発達段階に応じて変化する子どもの好奇心を満足させる題材を取り上げ，それについて英語で話しかけ，指導する者が知りたいことを質問して，表情や身振りででもいいから子どもに答えてもらい，子どもたちが心から言いたい，聞きたいことを簡単な英語を操りながら試してみる活動をさせる。その応答は，不完全であったり，間違っているかもしれないが，英語と付き合い，慣れ親しんでいくことを実感させることができる。

　そのためには，授業で使われる英語は，指導者にとっても子どもたちにとっても意味のあるもの，真実味のあるものでなければならない。英語の形を覚えさせようとするような，空々しい芝居がかったものでは，英語を使う喜びが伴わない。真実味のある英語表現には，必ず自然な抑揚とリズムがある。それを耳にし，口で真似ることにより，英語独特の「音の流れ」を体得させることができる。これが小学校教育課程の中に組み込まれる英語の授業の主な目的であろう。

1.4　子どもの英語を学ぶ力

　英語を体験させる活動を続けると，子どもは聞こえてくる英語の中にルールを発見し，自分なりにそれを使おうとし，間違えながらもコミュニケーションを図ろうとする態度が培われる。小学校ではまだ「教えなくても

いい」といわれ,「子どもはすぐに忘れてしまう」といわれるけれども,英語を体験させる現場で,教師たちは子どもの「ルール発見」のプロセスを見つけられるはずである。そこに子どもたちの「学び」が起こっていることを見逃がしてはならない。

　英語を日本語に置き換えて,子どもらしい言葉遊びをするときがあるが,そのときの抑揚は,全く英語の抑揚である。たとえば "May I come in?" と言って教室に入ることにしたとき,すぐさま「目・eye・髪?」とやってのける。ほとんど聞き取れないような前置詞を聞き取って,子どもなりの解釈を付けようとすることもある。"Rain on the green grass." と聞くと,「女がいる」という。"on the" を「女」と聞こえる,と言って笑う。いろいろな国から来られた ALT の英語のアクセントをすぐに真似をし,同じ単語でも発音を言い換えたりする。

　また,単に単語だけで答えるのではなく,文章にするときには日本語にはない主語や動詞が文の前に来ることに気づき,「最初に何て言うの。」と念を押すように繰り返し聞きにくる,ということも多くの先生が異口同音に報告している。これも,子どもたちの英語のルールへの気づきと解釈したい。

　子どもたちが英語を聞いているだけで,何となく分かったような気持ちになれる理由に,大人が想像する以上に英語の語彙を持っていることを理解しなければならない。食べ物(野菜・果物・料理など),家具や楽器,文房具,衣類,スポーツとその用品,動物,乗り物,職業,コンピュータ用語,色,数,形状,などに関係した外来語を中心とする語彙は,友だち同士で競い合って集めると,軽く1500語を越える。それをてこにして英語を聞かせるように心がければ,子どもの英語を聞き取る力は大きく伸びる。そして,面白ければさらに聞き取ろうとし,勘違いしても恐れずに反応し,いつでもどこでも,何かを身につけてしまう。「学習」(learning) と呼ぶより,「獲得」(acquisition) と呼びたくなる理由がそこにある。教室という集団の場で学ぶときに,誰かが気がついて応答する姿を見て,自分も判ったような気分になれる。そこに学校という場で英語を学ぶ利点があることも特記しておきたい。

子どもとの英語でのインタラクションには常に真実味があり，表現する理由が明確であることが必須条件である。完全な発話とならない段階でも，子どもらしい「逸脱」に耳を傾け，指導に当たりたい。そこにコミュニケーションが成立する喜びが生まれる。

2. 発達段階に応じた早期英語教育

2.1 英語に触れさせる適期

　子どもたちは，何歳から外国語に触れ始めるのが有利であろうか。小学校では早すぎる，という議論もある一方，小学校で始めなければならない，その時機を逸すると英語の音声の習得が困難になる，という議論もある。何歳から外国語に触れ始めてもいいが，その学習者の年齢とそれに伴う学習能力にあった，合理的な指導方法で学習を続けていくことが肝心である。早く始めれば，どんな方法でも益がある，ということではない。もし適正な指導内容と方法に出会うことが出来れば，中学になるまで待たずに英語学習を開始すべきである。指導する者は，言語を獲得していく子どもの姿を謙虚に観察し，方法を誤らないように注意すべきである。

　英語を教え始める前に日本語を確立させておくべきである，という議論があるが，母語がどこまで使えるようになったときを，「確立した」というかが問題であろう。母語が不安定な時期に，不完全な新しい言語を追加すると，両方の言語が不安定な状態になる。このことは「考える言語」がおろそかになることを意味するので，ただ「バイリンガル」(bilingual)にしたいという単純な考え方では済まされない。しかし，英語圏で生活することを余儀なくされた子どもたちの場合は，日本語を維持しようと努力をしても，英語が「考える言語」になることもありうる。要は，周囲の大人がどれだけの質と量の言語を育ち盛りの子どもに経験させていくか，の判断に待つほかないと考えられる。早くから英語に触れさえすれば上手になる，という思い込みの前には，深い落とし穴が待ち受けていることを銘記しておかなければならない。学習者の絶えざる努力によってのみ，母語も，そして新しく獲得する言語も磨かれていくことを覚えておきたい。

2.2　小学校の6年間にわたる指導内容

　現在，多くの小学校で英語活動を導入する際，さまざまな時間配当の工夫を重ねており，回数は少なくても1年生から英語の授業を始めているところが多い。それぞれの地域や学校のおかれた状況に照らしてカリキュラムが編成されているので，どこの学校のどれが普遍性がある，ということは言いがたい。各学校が，地域の教育環境や特色を踏まえて，その土地の生活に根ざした題材を指導内容に取り入れ，授業計画を立てていく必要がある。

　当然のことではあるが，英語の授業を導入した最初の年には，1年生も6年生も似たような題材を取り上げることになろう。しかし，その指導内容や指導方法は，同じ1年目でも1年生と6年生とでは違いがある。また，1年目の6年生と，学習経験が6年目の6年生とでは，学習者自身の英語の運用能力も大きな差があるはずで，指導内容も方法も変えることが当然である。小学校教育課程の最終段階で，どこまでの力を伸ばしておきたいのか，到達目標が「国際理解の一環として」という以上に示されていないために，明確にすることが出来ない難点がある。しかし，英語を扱う以上，学年ごとに英語運用能力の指導目標を設定する必要はあるだろう。

　2004年現在の多くの学校の実践をみてみると，学校周辺の自然，歴史的な遺産，産物，民俗学的な資料などを盛り込んだ英語学習のあり方が模索されており，多彩な授業内容となっている。また，国語・算数・社会・理科・音楽・家庭科・保健体育など，他教科の学習内容をも活かした表現活動として，子どもたちの興味をそそるような授業作りの努力も続けられている。小学校教育課程を熟知し，子どもの学びの様子を知り尽くした担任教諭が，英語の授業でも大いに力を発揮されることを期待したい。

　以下，小学校低・中・高学年それぞれの段階に応じた留意点や目標を示す。

【低学年（6～8歳）】

　新しい言語による表現活動を素直に受け止め，理屈ぬきに取り組める低学年の子どもたちは，英語独特の音を真似て，自分の感じたことを表現す

ることを楽しむことができる。日常生活に溶け込んでいる外来語を耳ざとく聞き取り，伝えられる英語の大体の意味を類推を重ねて理解し，即座に反応しようとする。この逞しさを育てることが低学年の指導目標である。

簡単な情報，例えば，This apple is green. That apple is red. というだけで面白がり，新しい情報伝達の手段を楽しむ。繰り返して聞いたり言ったりする中で英語のリズムを感じ取り，不正確でも自分の耳に聞こえたとおりの音を再生しようとして積極的に真似てみようとする。

この学習態度を活かして，マザー・グースなどの簡単なわらべ歌を体を動かしながら歌ったり，実物やおもちゃを使ってアクティビティをし，英語の音の流れに慣れさせていく。強勢の置かれるところに子どもたちが察しのつく内容語があれば，日本語で説明しなくても大胆に意味を捉え，情報の授受を楽しむことができる。

【中学年（8～10歳）】

3年生くらいになると，学校生活にもすっかり慣れて，自信を持って行動できるようになる。高い木に登ろうとしたり，急に飛び出したり，怪我の多いギャング・エイジを経て，4年生になる。9歳から10歳にかけて，子どもたちは心身ともに著しく成長し，高学年を見習いながら自分の判断で行動しようとする。子どもたちが関心を示す題材に基づいたアクティビティをすると，積極的に英語を試し，自分で表現しようと努め，少し複雑な英語のゲームにも自分で考えて参加しようとする。

英語で料理の手順を聞き取りながら作ったり，学校花壇の様子やクラスで飼育している動物を話題にしたり，遠足について話し合ったりするとき，英語であることをあまり意識しないで「インタラクション」(interaction in English)ができる。自分たちの町の様子，社会科で学習した地域の話題，理科で学習した動植物など，身近な題材で知っていることを英語でも表現することには，知識欲を満足させるせいか意欲的である。

英語で新しい知識を教えようとするのではなく，子どもたちが他の教科で学習した内容や，クラスのみんなと共有した経験などを英語で追認する形で，英語を使うことに慣れさせていくことができる。この活動の中で，

英語らしい音を獲得させ，不完全な英語でも表現することを積み重ねている間に，だんだん上手になっていく手ごたえを感じ取らせたい。

【高学年（10〜12歳）】
　高学年の子どもたちは，学校生活のさまざま場面で責任ある行動が取れるようになり，下級生の模範として指導的な立場におかれるようになる。11歳から12歳になる頃，子どもたちの知的好奇心はますます高まり，母語でならば，大人との話し合いにも参加できるような思考力と判断力を持ち始める。自分で問題点を発見し，考え，調べて意見をまとめて発表する能力が育っている。英語の学習についても，まだ入門期だからといって，あまり単純で幼稚な表現の練習をさせて英語を身に付けるように仕向けるのは，かえって表現活動をしらけさせてしまい，効果的ではない。
　低学年と同じようにリンゴを話題に取り上げるにしても，開花期，産地とその収穫量，値段などを話し合うと，真剣に取り組もうとする。植物の漢字を調べて，林檎＝appleのようなことを英語で発表しあうことを，ゲーム感覚で楽しむ。主体的に英語を使おうとする態度が育ってきているからである。
　高学年では口頭での英語表現に対して，低・中学年の頃より積極的ではなくなる，ということが言われるが，そのような態度は，高学年の思考力にふさわしくない，幼稚な表現内容で機械的とも思える練習をさせようとしているときに観察されるので，指導者は注意を要する。ギネスブックを片手に，物の大きさ，長さ，などを比較して発表させようとすると，次々に手を上げて発言しようとする。新しく得た知識を発表したい，という気持ちが強いので，英語でもそれが表現できる，ということは自信につながるはずである。

3. 早期英語教育の実践

3.1 子どもに教える時の「4技能」の考え方
　授業の目標の定め方は各学校・各指導者によって違っても，子どもたち

の英語を吸収しようとする力は同じである。教師が何を提供できるかによって，子どもたちの「学び」の内容が異なってくるのであるから，子どもたちが心を開いて抵抗感がなく楽しめるように周到な準備をしておきたいものである。英語を聞いて，何となく分かるような気がする，英語を知っているみたい，だんだん分かってくる，という経験をさせながら，英語を使うときに頼れるルールを感じ取らせて，自分でも英語を使ってみよう，という意欲が生まれるように導きたい。

子どもたちが既に持っている「外来語」(borrowed words from foreign languages) の豊かな語彙をてこにして，「聞くこと」に力を入れ，聞いたとおりに，自然に口がほころんでくるように指導したい。聞き取った音の流れから，英語の情報の大意を摑み，それに対応しようとする態度を育てたい。この段階で無理をして，繰り返して言う（話す）練習をさせると，英語が不自然になる。それは，英語で意思を伝えようとするのではなく，示された音の連続をくり返しているだけになってしまうからだろう。それでは，「ことば」の学びにつながらない。

子どもなりの方法で「音声での伝達（つまり話すこと）」ができるようになるにつれ，同時に少しずつ文字による情報伝達の方法を察知できるようにアクティビティに使う資料や掲示物に，それとなく単語や簡単な英語の文字でも表示しておくと，読み聞かせてもらうもの（単語）の文字を読み取る意欲が高まり，次第に知っている単語を頼りに「読む」という作業に入る。

この頃，国語の時間にローマ字の指導があり，算数や音楽などの教科でもアルファベット文字で指示される単位の呼称，楽譜の指示を認識できるようになっている。日常生活の中に溢れているアルファベット文字も，苦もなく読んでいるので，文字認識はとりたてて無理強いしなくても遊び感覚で急速に進んでいく。

「書く」ことは，「書写」(copying) から始まるが，子どもたちは，単語や文章を書いて情報を伝達しようという意欲を示すまでに，相当量の英語を聞いて情報を判断する作業や，目で文字を読み取る作業の経験を必要としている。何かを見ながら書き写す作業をするときにも，書く内容が，

子どもにとって意味のあるものである必要がある。単純な作業に陥らないように留意したい。

3.2 英語を使うための題材の選び方

授業は，どの学年でも，最初の声かけから始まり，挨拶をして，名前の確認をし，身近な出来事などを手がかりに指導の核心に入っていく。低学年では，既に知っているメロディの歌を英語でうたったり，身近なものを数えてみたり，目に触れるものの中にある英語でいえるものを，触ったり指さしたりして確認しながら，英語を聞き取ることに慣れていく。子どもたちが既に知っている英語を使えば，進んで真似をして繰り返し，自分も英語で言えることを主張しようとする。

中学年に入ると，もう少しレベルやスピードを上げて新しい単語を織り交ぜながら，英語でのやり取りを進める。単語をごく身近なものから選ぶのは低学年と同じである。そして，既習の内容を想起させて確認し，次第に使い方が上手になることを気づかせていきたい。

表現する内容は，英語のルールを教えようとするものではないので，子どもの年齢にふさわしい思考力からみて興味深いものであり，かつ表現する必要のあるものを取り上げる。そこに初めて「英語でも表現できる」という喜びを与えることが可能になる。題材の選択にはいくら注意しても注意しすぎることはない。

高学年の指導に当たっては，教科横断的な内容を扱った表現活動が喜ばれる。子どもたちが学習したり，生活の中で見聞きした知識を英語でなぞり，さらに新しい知識を獲得できる活動は，高学年らしい知識欲を刺激し，意欲的に取り組める題材となる。

国際理解に焦点を当てた指導内容や，価値観の多様性に気づかせる題材を扱っても，英語だけで聞いて納得し，理解を深め，（乏しいながらも）既に身に付けている言語材料を駆使して表現活動に参加しようとする。

10ヶ国語以上のことばで "Seven Steps" という歌を歌うのを聞いて真似をし，感嘆の声を上げたり，like を使った活動をしているときに，やっとの思いで "Do you like war ?" と質問してきて，何故戦争は起こ

のか，を話題にしようとした子どもがいたり，実際の授業で，非常に大事な事柄が提出されることがある。授業中に，子どもが何とかして自分の気持ちを伝えたいと格闘している姿は，健気でいとおしい。

3.3 教具について

　教室や家庭にあるもの，子どもが身に付けているものや学用品，これら全てが「教具」(teaching materials) となり，活動を支えてくれる。教室という学習環境が特にすぐれているのは，子どもたちの図工・習字その他の作品が張り出されており，学校行事のスケジュールとカレンダー，日直表，掃除の担当，給食の献立，飼育中の動物や植物など，すぐそのまま役立つことだ。また，子どもたちの衣服，体育着，文房具も，色・数・形状について話し合うときに，格好の教具となる。

　もちろん，一般に利用されている，カード類，ポスターなども指導には欠かせない。図書も貴重な資料となり，図鑑や子どもたちが幼稚園の頃や低学年で読み聞かせてもらった絵本なども，活発な表現活動の源となる。不要になった雑誌類の写真は資料として役立つ。また廃棄寸前の紙類は，動物を切り抜いたり，ちぎりながらその長さを競ったりして比較表現を楽しめる。新聞広告も捨てがたい味がある。スーパーの広告で値段を当てたり，不動産広告で，どの家を買いたいか，どこにどの家具を置きたいか，などと話し合うと，高学年の子どもも夢中になる。

　その他に，低学年で使う算数セットは利用価値が高く，数えるスティックやチップで，指示通りの形を作ったりすると，数の学習で使ったものが図工の感覚で活用できる。カラフルな紐も使い方次第ではいろいろな表現活動に利用できる。

　新聞紙は古くても資料の宝庫で，これは誰が何をしているところか，この写真はどこで撮られたか，などと指導のポイントにあわせて活用できる。また，大きな折り紙をするときにも，子どもたちは飽きずに取り組む。空き箱も簡単には捨てられない。牛乳パックなどの空き箱は，サイコロやボールを作ったり，さまざまなことに利用できて，活発な表現活動に導くことができる。

言語活動は，トータルな活動であるからこそ，身の回りにあるものを利用して，意味のある表現活動を支えてくれる。これらを十分に活用するためにも，コミュニケーション重視の指導技術を身につけ，指導内容を豊かにすることを心がけたいものである。

最近，小学校英語活動のために印刷媒体のテキストが制作されているが，これは指導者の活用方法によってのみ活かされるものである。テキストの内容を教え込むことばかりに気を取られると，大きな失敗をしかねないので，十分に注意して利用したいものである。

3.4 視聴覚教材

10年ほど前までは，視聴覚教材といえば，カセットテープとVTRであったが，コンピュータの普及により，さまざまな音声と映像を駆使した教材が制作されるようになった。

英語の授業を「担任教諭」（homeroom teachers）自身が担当することもできるように，公共放送番組「えいごリアン」が制作され，2000年以来多くの学校で利用されるようになった。そのホームページには，授業の発展的活動が出来るゲームや，指導者への解説や授業プランの提案もあり，今後のITを駆使した授業作りを提案している。

総合的な学習の時間に呼応する題材が映像によって示され，英語が使われている場面が子どもたちの理解を助けるので，外国語である英語の授業をする日本人教師にとって大きな支援となるであろう。このITを活用する情報教育で，交流活動の範囲が飛躍的に広がり，外国語に慣れ親しむ目的が具体化し，学習者の動機が高まることが期待される。

3.5 英語の音に慣れ親しむために——歌や早口ことばの活用

子どもたちが，英語の音を面白がり，素直に聞いて真似をすることは，子どもたちに英語を教えようとする早期英語教育の分野でも以前から報告されてきた。そして，その英語独特の音の流れを獲得することが，英語のルールに慣れ，子どもなりに試しながら使うときの支えとなり，運用能力を高めていくことも観察されている。

音声を重視する活動の素材としてよく利用されるのが，子どもの歌，マザー・グースなどの「ライム」(rhymes)や「早口ことば」(tongue twisters)である。授業の寸前まで日本語で考え，おしゃべりをしてきた子どもたちの頭を英語に切り替えるためにも，授業の始めに歌や英語のことば遊びをするのは大いに効果的である。

子どもは英語の音の特徴を捉えて，音の響きをおもしろがり，その音を真似ることを繰り返し楽しむ。また，知っている単語を歌のメロディの中に聞き取れるおもしろさも楽しむ。繰り返して口ずさんでいるうちに，だんだんに自分の上達を確かめることもできる。ゲーム化された歌を飽きずに楽しむのは，日本のわらべ歌と同じである。

1つの歌にかかる時間は，意外と短い。1分かかるものの方が少ないくらいである。1回の授業プランの中で，指導のポイントを含む歌を選んだり，既に歌いなれているもので英語の雰囲気を作り出したり，気軽に活用していきたい。

3.6 発音の指導

発音に関しては，標準的なものを聞かせたいが，英語にもさまざまな訛りがあり，ひとつの正しい発音があるわけではないので，いろいろな音に対応できる逞しさも鍛えたいものである。日本人の指導者の発音については，むしろ子どもたち自身が英語を使うことを経験させることに意味があるので，あまり神経質になる必要はないと考える。聞き取りやすい英語を聞かせて，理解を助けることに主眼をおきたい。

子どもたちの発音については，聞こえたとおりに真似をするので，むしろ子どもの発話を励まし，大人の学習者に対するようにいきなり発音を矯正しないほうがよい。また，英語の音を作り出す経験が少ないので，子音・母音の音が弱いのを指摘したりするのは，かえって積極的に発話しようとする気持ちを抑えることになるので無理をしないように注意したい。

3.7 文字指導

研究開発校での英語活動などの研究が進むにつれて，文字の導入時期に

ついての議論が高まってきている。現段階では，英語の授業時間数はまちまちであり，子どもの英語に対する学習動機もさまざまなレベルであるので，一概に文字指導を導入することを論ずるわけにはいかない。また，文字指導というと，アルファベット26文字の形を認識して書写することと思われてしまうこともあるので，文字を指導する意義についても基本的な検討を必要とする。

　子どもが文字を認識する場合，文字のつながりを，何となく読める，視覚的に意味を読み取ろうとするところから始まる。それは，単語だけの場合や文章の中の単語だけの場合があるが，そこにイラストがあると認識を助けてくれる。この経験を積み重ねて，文字への関心を高め，やがて文字だけでも読めるようになる。そのルールを発見していく過程が，「フォニックス」（phonics）の指導であり，発音と綴りの仕組みと，既に知っている単語とを結び付けて，読みの能力を伸ばしていく。

　子どもたちは文字による情報伝達をしたいときに，文字を使う意欲が湧き，書きたい，という気持ちから，書く練習に入るが，これは英語圏で英語を獲得していく子どもの習得プロセスを考えても，大変に時間のかかる作業であることを忘れてはならない。大人の，書くことになれた感覚から判断して，書くことを急がせることがないように注意したい。

4．教育課程における位置づけ
4.1　国際理解教育の一環としての英語活動

　英語活動の中に国際色を盛り込む努力が行われており，世界の国々の行事や生活習慣などを話題にしたり，世界の民謡を歌ったりすることが盛んである。世界の子どもたちのお祭りを再現し，ゲームをし，踊りを覚えたりして，外国の子どもたちとの交流に役立つ活動をする。

　外国の子どもの遊びのルールを覚えたり，外国の生活と子どもの日常の習慣を比較してみたり，外国の「ことば」などに関心を持たせる活動も，子どもたちの心を世界に開く体験学習として，意味のあることであろう。

　ただ，これだけで国際間の理解をもたらすことは難しく，これらの活動

は，国際理解を促す一助に過ぎない。21世紀を生き抜く子どもたちが必要とする異文化対応能力について，指導するものも深く考え，指導方法を検討していかなければならないと考える。

4.2　カリキュラムの編成

　今，小学校から始まろうとしている英語教育は，その後に続く英語教育の中に位置づけられ，高校教育が終わるまでの一本の柱として到達目標が明確にされたときに，はじめてカリキュラムの編成が容易になる。現状では，各学校で行われる英語活動の内容が千差万別なので，一言でカリキュラムを語ることは出来ない。

　カリキュラムの編成にあたっては，小学校教育課程を踏まえて，子どもたちの精神発達段階にそった題材を選択して行われるべきである。ただ，題材だけでなく，それを扱う言語材料の精選に関しては，多くの指導者が検討している段階だと思う。「研究開発校」(pilot schools appointed by the Ministry of Education, Culture, Sports, Science and Technology) が発表したカリキュラムなどを参考にして，各学校でカリキュラム作成の努力が続けられている。文部科学省が2000年に公にした「小学校英語活動実践の手引」に引き続いて，現在，新しい指導書の編纂が行われている。その公表を待ちたいと思う。

4.3　おわりに

　数年前に研究開発校が指定された際，その研究テーマに小学校における英語教育の教科化が取り上げられたことにより，小学校でも英語が教科になるのではないか，その日はいつか，という関心が急速に高まっている。しかし，まだ結論は出ていない。英語が公用語にならなかった東アジアの諸国でも早期英語教育が根付いてきている現在，日本の言語環境でどのような言語教育が行われなければならないのか，大きな課題である。

　小学生が英語を学ぶときの，外国語習得の特徴と習得ストラテジーを理解し，指導内容の選択に心を用い，指導方法を誤らないようにしたい。そして，多種多様な文化背景を持つ人々と，心の交流ができる，確かな生き

る力を持った子どもたちが，やがて世界に羽ばたいていくことを願って止まない。

参考文献
伊藤克敏（1990）『こどものことば――習得と創造』，勁草書房
大津由紀雄・鳥飼玖美子（2002）『小学校でなぜ英語？』，岩波ブックレット
久埜百合（1999）『こんなふうに始めてみては？小学校英語』，三省堂
────（2002）『子ども英語救急箱』，ピアソン・エデュケーション
────（監修）（2002）『これならできる！小学校英語ガイドブック』，NHK出版
樋口忠彦・行廣泰三（編著）（2001）『小学校の英語教育』，KTC中央出版
文部省（1998）『小学校学習指導要領』（平成10年12月告示）［文部科学省］

研究課題
(1) 小学校への英語活動の導入は，国際理解にどう貢献するか考えてみよう。
(2) 子どもの英語発音と英語発音習得の関連について調べてみよう。
(3) 子どもの言語習得の特徴について調べ，子どもにとっての外国語としての英語獲得を容易にするものは何かについて話し合ってみよう。
(4) 子どもの英語学習の動機づけとはどういうものか考えてみよう。
(5) 小学生対象の英語指導において，文字を導入する意義を話し合ってみよう。
(6) 教員養成ならびに現場教員研修について，その目的と内容について調べ，グループで話し合ってみよう。
(7) 小学校教育課程における英語指導の到達目標・指導目標などについてまとめてみよう。
(8) 小学校における英語指導の授業形態の現状について調べてみよう。

(久埜百合)

第10章

これからの英語教師論

1. 英語教員に求められる英語能力

1.1 英語力の目標値とは

　英語教員として求められる能力には，教師としての人格・性質，英語に関する知識，生徒を導く指導力に加えて，教師自身の英語運用力があげられる。この英語運用能力には4技能に加え，日々の授業に際しての能力，たとえば，教材を選定・作成し，生徒に理解しやすい説明を与え，正しく理解度を評価（evaluation）する能力なども含まれるであろう。しかし，近年まで英語運用力に対する確かな基準は定まっておらず，どの程度の運用力が要求されるかについての議論は公的には行われてこなかった。

　ところが，2003年3月に文部科学省より公表された「『英語が使える日本人』の育成のための戦略構想」[1]では，具体的な目標が設定された。

1) 英語教員が備えておくべき英語力の目標値の設定：英検（実用英語技能検定）準1級，TOEFL（Test of English as a Foreign Language）550点，TOEIC（Test of English for International Communication）730点程度。
2) 英語教員の採用の際に目標とされる英語力の所持を条件の1つとする事を要請。
3) 教員の評価に当たり英語力の所持を考慮する事を要請。

　ところが，文部科学省が，2003年度末に行った「英語教育改善実施状

況調査」によると，公立中学・高校の英語教員の英語力は，同省が設定したレベルに達していないことが明らかになった。中学校では，全回答者数約2万2千人のうち，約1万人が英検，TOEIC, TOEFL のような外部試験の受験経験者で，英検準1級所持者が2,386人，TOEFL 550点以上が1,021人，TOEIC 730点以上が1,581人であった。高等学校では，全回答者数約2万1千人のうち，約9千人が外部試験の受験経験者で，英検準1級所持者が4,194人，TOEFL 550点以上が2,186人，TOEIC 730点以上が2,965人であった。ただし，調査は，複数回答可のため，1人の教員が複数の資格を取得している可能性がある。

このような状況のもとで，文部科学省はすでに，平成15年から平成19年までの5年間に，全ての中・高等学校の英語教員に「英語教員集中研修」を実施する計画を推進しており，平成15年度は，8,053人が参加した。この集中研修では，外部試験が実施されており，平成19年までには全ての教員の英語力の把握が可能になるという。

本章では，3種類（英検，TOEIC, TOEFL）のテストの特徴と相互関係について紹介し，さらにはこれらテストでは測りきれない教師に必要な英語力について述べたい。

1.2 外部試験の特徴

(1) 英検

日本英語検定協会（STEP: The Society for Testing English Proficiency）における実用英語の公式な定義は，「日常の社会生活に必要な英語」となっている。英検は，「リスニング・スピーキング・リーディング・ライティング」の4技能を，基礎知識から運用能力まで総合的に測るように構成されているので，英検が検定する英語は，「状況などに応じて適切にコミュニケーションができる，一般的・総合的な英語」と言える。

試験は，初歩段階の5級からネイティブ・スピーカーに準ずる1級までの7つの級に分かれていて，たとえば，1級レベルでは，大学上級程度（約10,000語〜15,000語レベルの「語彙範囲」(vocabulary range)）で，広く社会生活に必要な英語を十分に理解し，自分の意思を表現できる

こととし，準1級レベルでは，大学中級程度（約7,500語レベルの語彙範囲）で，日常生活や社会生活に必要な英語を理解し，特に口頭で表現できることとしている。

英検資格は企業等の採用や人事処遇に幅広く活用されているが，教員採用試験でも英検資格に対して特別措置を適用する県が増えている一方で，受験者数が年々減少傾向にあることも遺憾ながら事実である。

(2) TOEIC

TOEIC（Test of English for International Communication）とは，英語によるコミュニケーション能力を幅広く評価する世界共通のテストであり，世界約60ヶ国で実施され，年間約340万人が受験しているという。日本では，2002年度には132万6,000人が受験し，この数値は増え続けることが予測される。企業などでの採用・人事にも利用されており，大学などでの対策講座も充実してきている。特長としては，テスト結果は合否ではなく，10点から990点までのスコアで評価される。評価の基準は常に一定であり，受験者の能力に変化がない限りスコアも一定に保たれる。これにより受験者は正確に現在の英語能力を把握できたり，目標とするスコアを設定することが可能である。テストは2時間（120分間）でSection IのListening 100問とSection IIのReading 100問の合計200問に答える一斉客観テストであるが，ListeningとReadingという受動的な能力を客観的に測定することにより，SpeakingとWritingという能動的な能力までも含めた，英語によるコミュニケーション能力を総合的に評価できるように設計されている。英検とは異なり，受験級のような区分は設けられていない。

(3) TOEFL

TOEFL（Test of English as a Foreign Language）は，英語を母語としない人々の英語力を測る試験で，The College BoardおよびThe Graduate Record Examinations Boardという名称の米国の非営利教育団体の委託で，米国・カナダの大学に留学を希望する外国人学生が大学

での授業についていける英語力を有しているかを評価するため，1964年に米国非営利教育団体である Educational Testing Services (ETS) が開発した。さらに，2000年10月より，各受験生の能力に応じた出題および受験生の利便性向上の実現を目的として，コンピュータ版 TOEFL (TOEFL-CBT) が日本で導入された。

TOEFL-CBT では，セクションは Listening / Structure / Reading / Writing に分かれ，いずれのセクションも受験が必須となっている。Listening と Structure のセクションでは，コンピュータが受験者の回答状況によって能力を判断し，次に出題される問題の難易度が変わるしくみとなっている。

得点の範囲は，ペーパー版 TOEFL (TOEFL-PBT) では310～677で表記され，CBT では0～300で表記される。

現在，アメリカ・カナダ・イギリス・オーストラリアなど英語圏の大学2,500校以上が，英語を母語としない入学申請者に対して TOEFL スコアの提出を要求しているのに加え，各種の政府機関，奨学金プログラムなども TOEFL スコアを使用している。

(4) TOEFL と TOEIC

TOEFL は，他の検定試験に比べ，出題形式・傾向が TOEIC と似ている。TOEIC と TOEFL の歴史から察するところ，恐らく TOEIC が TOEFL をベースに作られたのではないかと思われる。違いは，TOEIC は国際コミュニケーションの手段としての英語の運用能力を試すのに対して，TOEFL は主に大学進学に対して十分な英語の運用能力があるかを測るものである。出題傾向については，TOEIC はアメリカでの日常や国際的なビジネスなどの場面で遭遇するものがよく題材にされるのに対し，TOEFL はアメリカの大学生活で遭遇するものがよく題材にされる。

TOEIC と TOEFL（いずれもマークシート方式）の相関については ETS から公表されており，換算式に数字を代入することで TOEIC の何点が TOEFL の何点に相当するかがわかるようになっている。つまり，ETS によれば TOEIC と TOEFL のスコアには相当な相関関係がある

ということである。
　換算の方法をおおざっぱに表すと，次のようになる。

　　　TOEIC スコア×7÷2÷10＋300≒TOEFL スコア

たとえば，TOEIC スコアが730点なら，730×7＝5110，5110÷2÷10＝255.5，255.5＋300＝555.5。TOEFL スコアは大体555点位である。

　（5）　英検と TOEFL と TOEIC の相関関係
　英検側のデータによると，英検最終合格者の TOEIC，TOEFL の得点は，以下のようであるという。ここでの数値は，前述の換算公式を用いておらず，TOEIC と TOEFL との値にずれが生じている

	TOEIC	TOEFL
一級	920	610
準一級	760	540
二級	510	460

　文部科学省がかかげる，英検準1級，TOEFL 550点，TOEIC 730点程度とは，この相関にほぼ準じるものであるといえよう。

1.3　得点だけが一人歩きしない

　「『英語が使える日本人』の育成のための戦略構想の策定」について，大学英語教育学会（JACET）関西支部がとりまとめた報告書[2]によると，英語教員が備えるべき英語力の指標として，中・高教員では，TOEIC 800点以上，TOEFL 570（TOEFL-CBT 230）点以上，英検1級程度とし，大学教員では，TOEIC 900点程度，TOEFL 600（TOEFL-CBT 250）点程度，英検1級程度を導入する兆しがあるとしている。た

だし付帯条件として，教員の英語力を議論する際には，教育や研究の目的・文脈に則した英語力を多角的に測定する必要があるとし，数値のみでは計測することができないことを議論している。

ここで，英語教師に求められる英語力について問うた場合，教師自身が英語を用いて授業を行い事物を説明する能力に加え，学習者に興味をもたせ能動的に活動させるコミュニカティブな英語力，さらにALTと協調して教材を準備し授業を運営する英語力，そして学習者に対してモデルとなる会話力を提供できる「流暢さ」(fluency) など，多岐にわたっている。

一方，教員採用試験では，既存の「英語能力測定テスト」(English proficiency test) のうち，TOEIC，TOEFL および英検を指標に，一次試験や実技試験の免除を行っているケースが相当数にのぼっていることも事実である。

これらの現状を踏まえると，文科省の掲げる英語教師の英語力（英検準1級，TOEFL 550点，TOEIC 730点程度）とは必須最低限のものであり，その能力に加わる指導者としての能力と豊かな人間性が融和されてこそ，教育者たる英語教員と呼ぶにふさわしいものと呼べよう。

とはいえ，英語教師の英語力はテスト・スコアだけで図られるものではない。英語が話せれば良い教師であるわけではなく，授業においては，教師としての確かな指導技術とともに，4技能においてバランスのとれた力が必要となろう。さらに，この4技能に加え，正確な発音，話し言葉の文法，決まり文句，呼応表現などを操る表現力というものも求められる。教員採用試験で，難度の高い筆記試験と英語での面接試験が課せられていることからも，総合的な運用力が求められていることが理解できよう。

前述の調査結果が示すように，実際に全ての条件を満たす教師は現場でも多いとは言えない。また周知のことではあるが，英語力は決して短期間で飛躍的に伸びるものではなく，英語教師になっても常に学習し続けることが肝要である。

生徒から英語の勉強法について相談される時，適切なアドバイスを与えられるのも英語教師の能力のひとつであり，それを可能ならしめるのは自身が努力して英語力を身に付けたという経験に負うところが多いと思われ

る。

注
1) 「英語が使える日本人」の育成のための行動計画の策定（2003/03/31）［→ http://www.mext.go.jp/b_menu/houdou/15/03/030318.htm を参照］
2) 大学英語教育学会関西支部：英語力プロジェクト　英語教員，大学生，大学院生，企業人が備えるべき指標に関する裏づけ研究（報告書第1ドラフト）（2003/03/31）［→ http://www.ryukoku.seikyou.ne.jp/home/87858/ を参照］

より進んだ読者のために
原田昌明・右田邦雄（2002）『英語指導のアイディアバンク』，研究社
金谷憲（2002）『《英語教育21世紀叢書》英語授業改善のための処方箋』，大修館書店
斎藤栄二・鈴木寿一（編）（2000）『より良い英語授業を目指して』，大修館書店

研究課題
(1) 英語力を測定する指標にはどのようなものがあるかリストアップしてみよう。
(2) 英語の実力をつけるために日常生活で取り入れている学習法について意見交換をしてみよう。
(3) 英語力を測る指標としての外部試験（TOEIC，TOEFL，英検など）の意義について整理してみよう。

（吉田晴世）

2. 英語教師の心得
2.1 英語教師とはどういう仕事か

　我われ「英語教師」（teachers of English）はある意味では教師としてやや特殊な立場にあり，つねに勉強を継続していなければ，現在もっている英語力すら維持することが難しい。その点ではきわめて多くの努力が必要であるように思われる。実際，他教科の教師に比べて，かなりのハンディがあるものと心得る必要があろう。それに，英語は母語ではないという弱みが常にある種のコンプレックスとして作用しがちでもある。

　そして英語教師として教壇に立つ以上は，いったい自分は何ができなければならないのか，常に自らに問うてみる必要があろう。また，英語教師とはどういう仕事かについて，あるいは英語教育そのものについて，その常識的なことがらを一通り検討し，それらの基本を心得ておくことが必要である。

　英語教師である以上，当然のことであるが，単純に考えても「学校の教師」であり，しかも同時に「英語を教えること」ができなければならない。これは見方を変えれば「何が立派な英語教師を作るか」ということでもあり，英語教師はどういう要件を備えていなければならないかという問題にもなる。すなわち，英語教師の望ましい理想像とは何かということである。

　ただ，よく承知しておかなければならないのは，大学で英語科教育法の単位を取ったから，それだけで自動的に立派な英語の教師になれるとか，あるいは教育学や教育心理学などの単位を取ったから，それだけで一人前のいい教師になれるなどとは，残念ながら，言えないことである。それぞれの単位の習得は必要条件ではあっても，決して十分条件ではないからである。すなわち，それらはいずれも英語教師に必要とされる要件のごく一部にすぎないのである。また，実際のところ，カリキュラム上の単位数や時間数の関係もあり，そうした科目や単位ですべての領域がカバーされているという保証も現実にはない。かくして，若い新任の教師は実際に現場に入ってみてから，戸惑いや困惑を禁じえないのはある程度は仕方のない

ことと言うべきであろう。もっとも，どんな人でも初めからすべてうまく
ことを運べるわけではなく，現場での経験を積むことにより，教えながら
自らも成長していくことになるものであろう。

2.2　英語教師以前の問題および英語教師としての条件の問題

次に，英語教師とはどういう仕事かということについて，さらに詳しく
「英語教師以前の問題」および「英語教師としての条件の問題」という2
つの問題について検討しておきたい。いわば英語教師に要求される能力・
資質というようなことである。

(1) 英語教師以前の問題

英語教師が英語教育に携わるというのは至極当然のことではあるが，その専門以前のこと，つまりそもそも学校の教師とは何か，またそれはどういう仕事かについても十分な認識がまず必要であろう。

相手が中学生であるにせよ，高校生であるにせよ，その生徒の心理なども正しく把握し，教育の何たるかの基本をよく心得ている必要がある。そして，大切なことは，担任として生徒の主体性を尊重しつつも，彼らをいかに統率できるかということである。

このことについて大学では，もちろんそれぞれの呼称は異なるかもしれないが，教職入門セミナー，教育総論，発達と教育の心理学，教育実践の研究，道徳教育の研究，学習指導の心理学，特別活動研究，総合演習など，多彩な講義が展開されていて，それなりに有効であるが，それらにもまだ改善の余地はあろう。実際，マスコミなどでも報じられているように，現場ではいわゆる生徒指導（校内暴力，非行対策，同和教育，いじめ，不登校，カウンセリングなどを含む）が難しい場合も少なくないからである。現実にはそうしたところでこそ，（担任）教師としての能力・手腕・判断力・統率力などが問われるものである。担任をもつことは，意外に仕事量も多い上に，さまざまな面でのきめ細かな指導や配慮が求められるということである。もっとも，人を育てるという教育に携わることは，恵まれた仕事でもあり，やりがいのある仕事でもあることは間違いない。

（主に）新任教師にとっては，まずは教師としてのノウハウを，実践の中で具体的にどう体得していくかということが問題と言えるであろう。

(2) 英語教師としての条件の問題――要求される能力

これについては，次の3つの視点から検討しておこう。

(a) 教材研究などが適切かつ十分にできること

教材研究としては文法的・語法的・題材的なものが中心となるが，その他，英米の文化的・背景的知識などについてもよく心得ているべきことは言うまでもない。もちろん，教授法や学習指導要領についての十分な知識とその具体的実践方法を心得ていることも必要である。また，それぞれの実情に即して，授業をいかに組み立てるかは大いに工夫を凝らしたいところである。

(b) 十分な英語の運用能力をもっていること

教師のもつべき英語の「運用能力」（communicative competence）については，いわゆる「4技能」（four skills）についてのかなりの能力が要求される。ただ大学ではこれは，一般教育科目としての外国語（英語）あるいは外国語コミュニケーションの授業などで身についているはずのものであると見なされている。もちろん，専門の講義，演習の中でそれぞれの技能に重点をおいた授業が開講されているところも少なくないであろう。

もっとも，普通の日本人にとってバランスのよい4技能の習得は「言うは易し，行なうは難し」の見本のようなものであるが，それぞれ目標をもって最大限の努力をしてほしい。英語がまともに「読めない，書けない，聞き取れない，話せない」というのでは，英語教師としての存在理由を疑われてしまうからである。英語そのものについての十分な運用能力をもっていることが必要なゆえんである。

なお，その際，注意すべきは，英語学や英文学あるいは英語科教育学などをいくら学問的に研究しても，それは英語そのものの能力の向上ということにはあまり直接的な効果は期待できないということである。たとえば

英語学はどちらかと言えば，英語という言葉の言語的事実を解明し，説明するための理論である。また，文学研究あるいは文芸評論的なことは文化的な意味はあっても，実用英語とはほとんど別の世界のものである。あるいは言語習得理論や英語教師論あるいは英語教育史などをいくら研究しても，実際に英語力が身につくというわけのものではないであろう。したがって，大学でいくらすべての授業で「優」（あるいは「秀」）の単位を取っても，それは英語の実用的能力とはあまり関係がない場合が多く，決して自動的に上手に話せるようになったり，リスニングが目に見えて上達するようになるというものではない。

英語運用能力の向上にはそれなりの意識的な訓練が必要なのであって，学校で教えられる以上の英語力を身に付けたければ，自らの責任と努力によらなくてはならない。実際，教師に限らず，本当に英語の力をつけて活躍している人はまさに「英語の虫」のような一面を必ずもっている人たちなのである。その際，我われとしては常に英語教育の視点および英語教師としての自覚をもっていることが肝要であろう。長期間にわたる関心の持ち方の度合いが英語教師としての資質・能力を（将来の長きにわたって）決定すると言っても過言ではないからである。

もっとも，どの技能にしても，いくら努力してみたところで，我われの英語がネイティブ・スピーカーの域に達することは不可能に近いし，また，必ずしもそうなる必要もない。しかし，そうであっても，常に英語の感覚を磨き，十分にそれを体得している必要はあろう。普段から1日1時間でも生きた英語に触れる努力をすることが大切なゆえんである。

(c) 自己努力の必要性と重要性

なお，当然のことながら，英語を教える以上，常に英語に親しんでいなければならないことは言うまでもない。とりわけ現代英語の研究は英語教師には欠かせない。それこそ英語教育の原点と言えるからである。特に書物などに書かれた英語のみではなく，実際の英語の音声に接している必要があろう。とりわけ，自然な「本物の英語」(authentic English) に触れることの重要性は多言を要しないであろう。そして，それらをまずよく

観察し，理解することが望まれる。十分な（聞く，読むという）英語のinputなくして，十分な（話す，書くという）英語のoutputはありえないからである。この当然のことがまともに行なわれていない，あるいは継続して行なわれていないところに大きな問題がある。学校で与えられることは，まさに「氷山の一角」なのであって，英語教師を志望する者は何らかの自主的で継続的な英語学習の努力が必要と考えるべきである。

英語教師（志望の学生）にとっては，ラジオ・テレビの英語（会話）番組，新聞・雑誌・書籍の英語，市販の会話やリスニングの教材，さらにはビデオやCD-ROMの教材，パソコンでの学習ソフトなど，いくらでも有益な情報源がある。この恵まれた状況を大いに活用したいものである。何ごとであろうと，それを成し遂げるには意欲的な態度・努力が必要であり，その努力・苦労なしでは成功はおぼつかないのである。

もちろん，いくらでも理想論や高邁な教師論をぶつことはできようが，現場ではどの教師も仕事自体が非常に忙しいということもあり，残念ながら，理想と現実との間には常に大きなギャップが存在するようである。しかし，教師の怠慢や甘えは多忙という理由では決して容認されるべきではないであろうし，何の弁解にもならないと心得るべきであろう。

また，英語科の特殊性は理解できるものの，望んで英語教師になった以上，英語教師はひとかどの英語研究者であるべきではないだろうか。これは筆者の持論でもある。もちろん，行政的にも海外研修をも含めた，いわゆる「自己研修・自己研鑽」（in-service training）の機会がさらに十分に保証される必要はあろう。

ところで，英語という教科は，母語ではないから仕方のない面は理解できるが，特に中学校では教授法その他において，他の教科とは違う特殊な面が少なくない（たとえば，どんな教授法を用いるか，どれだけ母語を使用するか，など）。また，教育実習や現場での教育経験を経て初めて身につくことも少なくない。その意味では，失敗も含めて，経験がものをいうとも言えるのである。教師になりたてのころは，毎日が新しいことの学習や経験の連続であったりするが，そうした貴重な経験や収穫を大切にし，財産としてうまく生かすようにしていきたいものである。

また，教師というのは表には見えなくても常に勉強をしている必要がある。先にも述べたように，英語教師たるもの，ひとかどの学者・研究者でありたいものと私は常に考えている。そこで，英語研究という点では，次の2点が英語教師には要求されていると言えるであろう。
　(1)　ふだんからいろいろなジャンルの英語に接すること
　(2)　自ら英語研究者としての研究の姿勢をもつこと
これらを継続的に実行すれば，英語教師としての話題も豊富になり，教室でもとっさに気のきいたことも言えるようになるであろう。

2.3　むすび

　最後に，教育研究者として筆者は，次の5つのことをモットーとしている。すなわち，「健康，実力，正攻法，余裕，そして，教えることを楽しむこと」の5つである。たとえば教育実習での授業のための教材研究一つにしても，十分に時間をかけて，かつ十分に準備をして初めて，精神的な意味でも「余裕」が生まれてくるというものであろう。言うまでもないが，授業には十分な余裕が持てるくらいの準備やリハーサルをして臨むことが大切なのである。余裕が持てる状態となって初めて，「教えることを楽しむ」ことができるようになるからである。もちろんこれは，何事によらず当てはまることであろう。

　いずれにしても，我々英語教師は「そのときどきの状況のもとでベストを尽くす」ことが大切である。この当たり前のことがどれだけ誠実かつ継続的に実行できるかがすべてであると言っても過言ではないであろう。向上心のないような人は英語教師には向いていないことを悟るべきである。読者諸賢にあっては，今後とも精進を重ね，英語教育に情熱を燃やし，すばらしい英語の力をつけた多くの日本人を育てるために大いに貢献してほしいものと念じている。

より進んだ読者のために
片山嘉雄ほか（編）（1994）『新・英語科教育の研究《改訂版》』，大修館書店
奥田夏子（1985）『英語教師入門』，大修館書店

若林俊輔（1983）『これからの英語教師』，大修館書店
津田幸男（1993）（編著）『英語支配への異論』，第三書館

研究課題
(1) なぜ教師（教職）を志すのか。その理由をまとめてみよう。
(2) 理想の英語教師像について考えてみよう。
(3) 英語を教えるとはどういうことか。また，なぜ英語を教えるのか，自分の考えを整理してみよう。
(4) 英語とはどんな言語か，その国際性，イデオロギー性などについて調べてみよう。
(5) 英語が話せる英語教師になるにはどうすればよいか，みんなで議論してみよう。また，自ら考えるところを実践してみよう。
(6) 英語の実力をつけるにはどうすればよいか，考えてみよう。

（小寺茂明）

第11章

英語教師の本棚
——英語研究・教材研究の文献案内

1. 英語教師の必読書・必備書とは

　本書において，これまでの各章で述べられてきたことは基本的にはすべてが英語科教育法に関することであり，またそれぞれの章で言及されてきた参考文献はかなりの数にのぼる。それらのうちのできるだけ多くの書物を，実際に手にとって読んでみることは教師として大切なことである。しかし，それでもまだ十分とは言えないであろう。それは英語研究，教材研究の基礎・基本として各種の辞書をはじめ，語法・文法の研究書などがどうしても必要だと思うからである。

　思うに，英語教育・英語科教育研究の原点というのは，基本的には英語教師が「どのような英語をどのように教えるか」ということであり，そこには2つの側面があると考えられる。つまり，その研究方向にも大きく分けて次の2つがあるということである。

(1) 言語材料の研究：教材研究の方向（教材論・内容論の研究）
(2) 指導技術の研究：指導法研究の方向（方法論の研究）

　(1)は「何を教えるか」（what to teach）の問題であり，(2)は「どのように教えるか」（how to teach）の問題であるが，教師としては少なくともこの両方に対応する必要があるのである。

　ところで，10年あまりも前のことであるが，私の教え子の1人M君が教職についたが，あるときのこと，その職場の同僚から「君の机の上には

教師として必要な書物はすべて揃っているね」などと言われたことがあると嬉しそうに報告してくれたことがある。そして，その卒業生は「自分としてはただ先生に講義の中で指導していただいたり，言及されたりした本を，ほんの何冊か置いていただけなのですが」とも言っていた。

私としては，その当時は英語教師の必読書や必備書について，講義ではあまり言わなかったし，その教え子にもきちんと指導したことはあまりなかったように記憶している。しかし，それにしても「ほんの何冊か」では「必要な書物がすべて揃っている」状態とはとても思えないので，ここであえてこのような「文献案内」という類の文章を物しておきたいと思うようになった次第である。

ところで，筆者はすでに 30 年以上も英語を教えてきたことになるが，高校教諭としての経験は最初の 3 年しかない。その後はずっと大学でずいぶん長い間教えていることになる。大学では主として，論文や著作などの研究面でずいぶんと時間とエネルギーを費やしてきた。その中で，言語材料を中心とした教材研究的なこと，あるいは語法・文法研究的なことは私の（大学）教員としての研究の原点であり，語学と教育との橋渡し的な研究は，今も私の基本的な研究テーマの 1 つである。そのような観点から，筆者の新米教師時代のことをも思い出しながら，若い先生方あるいはこれから教職を希望する学生諸君の参考になりそうなこと，刺激になりそうなことを，辞書，研究書を中心に少し書いておくことにしたい。

なお，ここでは英語あるいは英語教育についての文献を，それも主として英語研究・教材研究に関係するもので，英語教師としてできれば手元に所有していることが望ましい基本的な文献という観点から紹介してみたい。これらの文献を日常の教材研究に，あるいは教室での具体的な指導に，また自己研修などに大いに活用したいものである。

2. 英語研究法について

ここでは英語研究法ということについて一言しておきたい。もちろん，本格的なレベルでの研究ということではなく，英語教師としての立場から

の英語研究法であり，日常の英語指導・教材研究に生かせる研究ということである。また，それは英語教師の背景的知識としても有益なものでなければならないし，上述の言葉で言えば，主として「言語材料の研究」ということである。

ところで，英語科の教員になる人が学生時代に，ゼミの柱として専攻できる選択肢はふつう次の3つである。すなわち，英語学，英米文学，英語科教育学の3つである。そして，その専攻の中から自分の所属するゼミを選択するのである。それは学生にとってはどの分野で卒論を書くかということでもある。現在では英語科教育学で卒論を（書くことを）希望する学生がずいぶんと増加してきているが，とりわけ小学校での英語教育に関心を示す学生は少なくない。いずれにせよ，それぞれの学生がどの分野を専攻するかによって，英語教育に対するいわばスタンスや考え方も異なってくるのは当然であろう。

ただし，教師のための英語研究法というとき，教師としての立場を考えれば，文学の論議はあまり重用されないであろう。教材としては，高校などで少しは文学教材が用いられはするが，それはむしろ簡単な話題，題材として必要となる程度のものであり，むしろ主流は非文学的な英語であると見てよい。というよりも，方向としてはコミュニケーションを中心にする必要がある。そして，当然のことながら，英語教育では「英語を教える」ということが主眼であるので，文学についての高尚な議論は必要性も乏しく，その意味でも文学の論議はここでは割愛することにしたい（もっとも，「文学作品を読むな」と言っているのではなく，実はその反対であることも誤解を招かないためにも主張しておきたい）。

そこで，ぜひ最初に述べておきたいのは，筆者が学生時代に読んで感銘を受けた書物についてである。そのような書物のうちから，3冊ばかりをここにあげてみようと思う。それは細江逸記，宮田幸一，江川泰一郎の各氏による，次の書物である。

(1) 細江逸記（1973）『動詞時制の研究』（訂正新版），篠崎書林
　　［初版は1932年で，版元は泰文堂であった］

(2) 宮田幸一（1961, 1970²）『教壇の英文法』，研究社出版
(3) 江川泰一郎（1964², 1991³）『英文法解説』，金子書房

　(1)は学問に対する情熱や信念を改めて教えられる，実証的で独創的な発想の書物である。そもそも英語学の本を読んで感動するというようなことは基本的には少ないが，これはその数少ない中の1冊である。訂正新版では新仮名遣いに直されて読みやすくはなっているが，その反面，以前の迫力が若干低下したように筆者には感じられる。(2)は文法，語法の実証的な研究であり，鋭い観察眼に基づくそのユニークな解説は手際よく，しかも読者に感銘を与えずにはおかない本である。これは科学文法と学校文法との中間的な発想の書物と言うことができる。その点で，筆者も共感できる部分が多く，現在は品切れということではあるが，ぜひともどこかで（図書館や古書店などで）入手して読んでほしい本である。(3)は文法の問題点，特に日本人にとっての問題点を重点的に取り上げて，教師にとっても有益で参考になる記述が随所になされている書物である。受験参考書的なものではあるが，レベルは決して低くはない。大学レベルでも通用するほどであり，そこでの解説部分はきわめてユニークなことでも定評がある。筆者はこの本が大変気に入っていて，学生時代に3回も通読したことがあるほどである。現在では「英文法研究」の講義の時間などに，学生にも読むことを強く推薦している。私としては，いずれにも星印3つ（★★★で表示）を与えて最高のランクで評価している。
　この3冊は今でも推薦できる書物であり，それぞれに実に重宝するものであるが，以下に，新しいものを含めてさらに多くのものを取り上げることにしよう。

3．英語の文献紹介──英語教師の必読書・必備書

　さて，以下に英語教師として日常の指導に，教材研究に，また自己研修に，さらには英語研究に必要な書物，あるいは手元に置いておくと便利な文献などをまとめて紹介してみよう。いわば英語学，英語教育関係の「基

本アイテム」である。(なお，以下の記述は，筆者の立場上，また本書でのこれまでの記述が英語科教育法中心であるためにバランスをとる必要がある関係上，当然のなりゆきとして，英語学的なものをベースにしていることをお断りしておきたい。)

3.1 辞書類

まず「辞書類」(dictionaries) について取り上げる。日本ほど辞典や事典などの類が数多く次々と出版されている国はめずらしいのではないかと思われるほどである。最近では多くのものが電子辞書（電子出版）の形でも利用できるようになり，内容も形式もいよいよ多様化してきた感がある。ただ，辞書というものは，基本的には本当に使いやすく信頼のおけるものをじっくりと使いこなすことが大切である。筆者の経験からは次のようなものが推薦できる。

○英和・和英・英英辞典など
  (1) 小西友七（編）(2001³)『ジーニアス英和辞典』，大修館書店
  (2) 小西友七・南出康世（編）(2001)『ジーニアス英和大辞典』，大修館書店
  (3) 松田徳一郎ほか（編）(1999²)『リーダーズ英和辞典』，研究社
  (4) 松田徳一郎（監修）(1994)『リーダーズ・プラス』，研究社
  (5) 竹林　滋（編）(2002⁶)『研究社　新英和大辞典』，研究社
  (6) 山岸勝榮（編）(2000)『スーパー・アンカー和英辞典』，学習研究社
  (7) 大塚高信（編）(1986³)『新クラウン英語熟語辞典』，三省堂

もちろん，場合によっては他の辞書などにも当たってみる必要が生ずるが，とりあえずは以上の辞書で，教材研究程度の準備あるいは疑問なら，ほとんどの問題は解決できるはずである。特に有益なのは(1)の『ジーニアス英和辞典』である。何といっても分かりやすい例文や語法解説がよい。ただし，教師としてはできるかぎり，その親版とも言うべき(2)の

『ジーニアス英和大辞典』を常用されるのがよいであろう。また，筆者の経験上，特に便利なのは(7)である。高校程度の英文解釈や大学受験程度の問題集などを扱うときには大変重宝するものである。そこにあげられている用例も，概ね適切なものばかりである。なお，これには書名に「基本」がついている『新クラウン基本英熟語辞典』(1968) もあるが，今は残念ながら，絶版のようである。これは古書店ででも入手できればもうけものというところであろう。

(8) Summers, D. et al. (ed.) (1987^2, 1995^3, 2003^4) *Longman Dictionary of Contemporary English*. Harlow, Essex: Longman. [*LDOCE*^{4}]

(9) Hornby, A. S. (ed.) (1995^5, 2000^6) *Oxford Advanced Learner's Dictionary* [*of Current English*]. Oxford: University Press. [*OALD*^{6}]

(10) Burchfield, R. W. (ed.) (1933, 1989^2) *The Oxford English Dictionary*. (Vols. 1-20) Oxford: Oxford University Press. [*OED*^{2}][初版は James A. H. Murray et al. による]

辞書と言っても，今では電子辞書が普及し，ずいぶんと便利になった。上記の英英の辞書については，すべて CD-ROM 版が利用可能である。特に(8)については，外国人学習者向けの優れた学習辞典であり，しかも新しい版では「革新的多機能」付きの CD-ROM が付いているので，利用価値もますます高められ，大いにお勧めできる。(ただし，「革新的多機能」というのはもちろんキャッチフレーズであるが，その主な機能としては，①辞書の全内容のほかに *Longman Language Activator* などが入っている，②見出し語の全発音（英・米）が聞けて，自分の発音の比較もできる，③コロケーションや生きた用例の検索がすぐにできる，などがある。）あるいは (10) の *OED*^{2} の CD-ROM も，ひところよりは比較的手ごろな価格になり，入手もしやすい。「この辞書で英語の疑問のすべてが解決する」というのはいささか誇張かもしれないが，英語の疑問は最終

的にはこれでかなり解けることは，使い慣れると実感できるはずである。「最後に頼れるのはこの辞書である」と言っても，決して過言ではない。

　かつては，*OED* は高価であり，引くのが億劫でもあり，記述されている説明も難しい，というわけで，いろいろな意味で歯が立たないという印象もあったが，*OED* は何といっても英語の権威であり，今やこの見やすくて，扱いやすい電子媒体を利用しない手はないであろう。

○電子辞書について——英語に特化している機種も

　上述のように，電子辞書はきわめて便利なものであるが，それが今はさらにどんどん進化していて，中にはずいぶんと英語に特化している辞書もある。ちなみに，筆者が愛用しているものはCASIOのEX-wordである。それには，『広辞苑』などはもちろん，上の(1)のCD-ROM版が入っている。そして，とりわけ最近では，SEIKOのものを愛用しているが，そこには，上の(2)のCD-ROM版が入っている上に，(9)の*OALD*[6]も入っている。それにしても，『ジーニアス英和大辞典』が電子辞書の形で簡単に利用できるのはなんとも嬉しいことである。また，その後，この種の市場もますます拡大されつつあり，新しい辞書の組み合わされた機種が次々と発売されている。ちなみに，第二外国語の勉強をしている学生向きには『クラウン独和辞典』，『クラウン仏和辞典』，『小学館中日辞典・日中辞典』などの入ったものもあるので便利である。

　英語の習得について日本人には大きなハンディがあるが，それを克服するためにも，当然，いろいろな英語の辞書を何度も頻繁に引く必要がある。あえて「いろいろな」英語の辞書というのは，もちろん教師としての立場で述べたものである。それにしても，辞書をこつこつと何度でも引くことが苦にならないということは実は大切なことで，そのような人は（もしかしたら珍しいのかも知れないが）英語の勉強に向いていると考えて差し支えないであろう。昔から，「英語の力は辞書を引く回数に比例する」と言われるゆえんである。

　かつて教わったことのある教師の中には，「いいかね，君たち，辞書は5秒で引くもんだ。5秒でだぞ」などと豪語していた嫌みな英語教師がい

たけれども，今や電子辞書さえあれば，移動・携帯にも軽くて，何の苦もなく手軽に，文字どおり5秒ですばやく引けるのはありがたいことである。それに，綴りが完全に分からなくても引けるなど，多種の（検索）機能が付いているので，辞書を引くのは苦労というよりも，どちらかと言えば楽しい作業である。そう言えば，私自身も最近では『広辞苑』を引くことがけっこう増えている。これは以前には考えにくいことであったが，これも電子辞書のもつ利便性ということによる，言わば「電子辞書効果」と言えるものなのかもしれない。

3.2 英語音声学

「英語音声学」(English phonetics) の研究は，英語の指導上かなり重要な部分をしめるものであるにもかかわらず，日本人英語教師の音声学への関心は，文法などに比べると明らかに低いのは困ったことである。昨今の英語教育では，コミュニケーション重視という大きな流れがあるが，それでもまだ音声学，とりわけリズムやイントネーションについては，基本的なことすら教師自身がよく理解し，十分に習得しているとは言えないのではないだろうか。自戒の意味も込めての発言と解されたいが，英語音声学についての意欲的な研究ないしは取り組みが必要であると思う。まずは次のものを参考にしたい。

(1) 小栗敬三（1968）『英語音声学』，篠崎書林
(2) 安藤賢一（1984）『演習英語音声学』，成美堂
(3) 渡辺和幸（1994）『英語のリズム・イントネーションの指導』，大修館書店
(4) O'Connor, J. D. (1980) *Better English Pronunciation*. Cambridge: Cambridge University Press.
(5) Gimson, A. C. (1980^3) *An Introduction to the Pronunciation of English*. London: Edward Arnold.
(6) 大塚高信ほか（編）（1969）『固有名詞英語発音辞典』，三省堂
(7) 佐々木達・木原研三（1995）『英語学人名辞典』，研究社

(1)はいわゆる「調音音声学」を中心にしてまとめられた，すぐれた内容の，しかも盛りだくさんの内容のものである。これを一通りマスターすれば，音声学にも一応の自信はつくであろう。(2)はやさしく基本的なところをまとめたテキストであり，いわば音声学のエッセンスを整理したものである。(3)は英語のリズム・イントネーションの問題に特化したもので，英語指導の視点も取り入れられている。

(4)はやさしい英語で書かれたもので，分量的にも手ごろな入門書である。(5)は "Introduction" とは言いながら，かなり専門的な内容のものである。正確な知識を必要とするときなどに，随時に参照用のハンドブックとして用いるのが適当である。この第3版については，金星堂から日本語版（『ギムソン 英語音声学入門』，竹林滋訳）が出ている。また，発音指導についての記述もあり，その部分も参考になるであろう。これの現行版は第6版（2001）で，書名は *Gimson's Pronunciation of English* [Revised by Alan Cruttenden] となっている。

また，(6)は固有名詞についての英語での正しい発音を確かめるのにはきわめて便利なものであるが，残念ながら，比較的新しい地名や人名については情報不足であることは否めない。これの up to date な改訂版をぜひとも出版してほしいところである。ちなみに，英語学者，特に変形文法関係の学者の人名など，どう発音してよいのかわからないものが少なくないが，その一部については(7)が参考になるので，音声学書ではないがここにあげてみた。

なお，上の(4)については成美堂からテキスト版（『英語音声学』，黒田巍編注，改訂版1982年）が出ている。筆者自身はかつて何度か「英語音声学」の講義用テキストとして用いたこともある。英語の発音に関してきわめて易しく，かつ分かりやすい英文で書かれた本で，理論と実践との調和が巧みにとられている。これを熟読し，そのとおり実行すれば，外国人なまりを克服し，発音に自信がもてるようになるであろう。分量的にも1年間でこなすのに適当なものと言えるであろう。その音声教材も市販されているので，自学自習も可能である。

最後に，英語の発音は教師にとってはやはり大切である。教師というも

のは，美しい発音で教えることができるというだけで生徒からの尊敬の対象となりうる。しかし，発音が下手だと，結果はその逆であるということだ。カタカナ式の発音や，「日本人らしさ」の目立つような発音は生徒の失笑をかい，陰口をたたかれることは必定である。先に取り上げた Longman の *LDOCE*[4] [3.1 での(8)] の CD-ROM などでは，アメリカ発音，イギリス発音が個々に確認できるのですこぶる便利である。これなら，ネイティブ・スピーカーが近くにいなくても，英米の発音の違いも自分で納得して学ぶことができる。

3.3 文法・語法研究

これについては類書が多すぎて選択に困るくらいであるが，次のようなものが基本的と言えよう。

(1) 江川泰一郎（1964[2], 1991[3]）『英文法解説』，金子書房
(2) a. 安藤貞雄（1983）『英語教師の文法研究』，大修館書店
 b. 安藤貞雄（1985）『続・英語教師の文法研究』，大修館書店
(3) a. 石橋幸太郎（編）（1966）『英語語法大事典』，大修館書店
 b. 渡辺登士ほか（編）（1976）『続・英語語法大事典』，大修館書店
 c. 渡辺登士ほか（編）（1981）『英語語法大事典・第3集』，大修館書店
 d. 渡辺登士ほか（編）（1995）『英語語法大事典・第4集』，大修館書店
(4) 荒木一雄・安井稔（編）（1992）『現代英文法辞典』，三省堂
(5) Jespersen, O. (1933) *Essentials of English Grammar*. London: George Allen & Unwin.
(6) Hornby, A.S. (1954, 1975[2]) *Guide to Patterns and Usage in English*. Oxford: Oxford University Press.
(7) Thomson, A. J. and A. V. Martinet (1980[3], 1986[4]) *A Practical English Grammar*. Oxford: Oxford University Press.
(8) Swan, M. (1980, 1995[2]) *Practical English Usage*. Oxford:

Oxford University Press.
(9) Quirk, R. et al. (1985) *A Comprehensive Grammar of the English Language*. London: Longman.
(10) Greenbaum, S. and R. Quirk (1990) *A Student's Grammar of the English Language*. London: Longman.
(11) Leech, G. N. (1971, 1987², 2004³) *Meaning and the English Verb*. London: Longman.
(12) Huddleston, R. and G.K. Pullum (2002) *The Cambridge Grammar of the English Language*. Cambridge: Cambridge University Press
(13) Yule, George (1998) *Explaining English Grammar*. Oxford: Oxford University Press.

Jespersen, Hornby, Quirk, Swan, Greenbaum, Leech, Yule といった学者の書いた本は，何かにつけて有益であり，参照すべきところが少なくない。筆者としてはここでは特に(8)と(10)を推しておきたい。この2冊を読みこなしていれば，堂々と「私は英語教師でございます」と公言できるだろう。なお，(8)については研究社出版から日本語版（『オックスフォード 実例 現代英語用法辞典』，吉田正治訳）が出ている。(10)についても，紀伊國屋書店から日本語版（『現代英語文法〈大学編〉』，池上嘉彦ほか訳）が出ているので，それぞれ参照されたい。これらを常に参照していれば，おそらくほとんどの文法・語法上の問題には，それなりのヒントや解決が得られるはずである。

3.4 文法・語法指導

ところで，文法や語法などの研究は，教材研究としてはもちろん，教室での指導の際にもきわめて重要なものであるが，ただ最近の英語学は研究領域・研究内容ともに専門性が高まってきている状況でもあり，その成果を分かりやすい形で取り入れた，いわば教育との橋渡しをしてくれる文法指導法的な研究書も有益であろう。次に，その種のものをいくつかあげて

みよう。

(1) 宮田幸一（1970²）『教壇の英文法』，研究社出版
(2) 五島忠久・織田稔（1977）『英語科教育 基礎と臨床』，研究社出版
(3) 伊藤健三ほか（1982）『英語学と英語教育』，大修館書店
(4) 毛利可信（1983）『橋渡し英文法』，大修館書店
(5) 小寺茂明（1990）『英語指導と文法研究』，大修館書店
(6) 小寺茂明（1996）『英語教科書と文法教材研究』，大修館書店
(7) Close, R. A. (1977², 1981³) *English as a Foreign Language*. London: George Allen & Unwin.
(8) Celce-Murcia, M. and D. Larsen-Freeman (1983, 1999²) *The Grammar Book: An ESL / EFL Teacher's Course*. Rowley, Mass.: Newbury House Publishers / Heinle & Heinle Publishers.

以上は，方向としては「教師のための学習英文法」を目指したものと言えよう。なお，いわゆる「表現英文法」を志向するものとして，次のようなものも参考にしてよいであろう。

(9) Leech, G. N. and J. Svartvik (1975, 1994², 2003³) *A Communicative Grammar of English*. London: Longman.
(10) 小寺茂明（1989）『日英語の対比で教える英作文』，大修館書店

3.5 英語教育関係の学術雑誌など

さらに，専門的な「学術雑誌」（Journals and Periodicals）などに目を通すことも有益であることは言うまでもない。それには国内のものと国外のものとがあるが，特に重要なものとして次のようなものがある。

○国内のもの
(1) 『英語教育』（大修館書店）

(2) 『英語青年』(研究社)
(3) *The English Journal* (アルク)

○国外のもの
(1) *English Teaching Forum*
(2) *TESOL Quarterly*
(3) *English Language Teaching Journal*
(4) *International Review of Applied Linguistics in Language Teaching*

　英語教師である以上，いろいろな情報を得るためには，常にアンテナを，それもできるだけ高く張っていなければならないことは言うまでもない。ただ，そうは言っても，現実には多忙であり，そんな余裕はないのが現状でもある。「外国の学術雑誌も読まなければならない」とまでは言うつもりはないが，せめて『英語教育』だけでも，しっかりと読んでいれば，教師としての水準は十分に確保できるであろう。
　その他，状況によっては英字新聞，英語雑誌などを読むことも必要である。あるいは百科事典やインターネットで情報を仕入れることもますます必要かつ重要となってきていることは言うまでもないであろう。

3.6　英語科教育に関する書物
　最後に，英語科教育に関する書物で，私なりに推薦できると思われる書物をいくつか列挙させていただく。すでに本書にあげられたものと重複するものも若干はあるが，できるだけそれは避けながら，実践的な意味で有益と思われるものをあげておくことを了解されたい（国内の書物のみを取り上げる）。
　まずは，（主に学生諸君が）教育実習などでも必要に迫られる「教室英語」(classroom English) について扱ったものである。

(1) 高梨庸雄ほか（1992, 2004²）『教室英語活用事典』，大修館書店
(2) 染矢正一（1993）『教室英語表現事典』，大修館書店

(3) 梅田　修ほか（1989）『学習者中心の教室英語』，大修館書店
(4) 竹田明彦（1989, 1998², 2004³）『学校用語英語小事典』，大修館書店

次は指導技術，そしてコミュニケーション活動や言語活動などを扱ったものである。授業作りの中での核心とも言うべき「オーラル・イントロダクション」（oral introduction）や「オーラル・インタラクション」（oral interaction）を考えたり，あるいは「コミュニケーション活動」（communication activities）をさせたりするのに大いに役立つであろう。授業の組み立てを考えるのに大いに利用すべきものである。

(1) 語学教育研究所（編著）（1988）『英語指導技術再検討』，大修館書店
(2) 髙橋一幸（2003）『授業作りと改善の視点』，教育出版
(3) 高梨庸雄ほか（1995）『英語コミュニケーションの指導』，研究社出版
(4) 大下邦幸（編著）（1996）『コミュニケーション能力を高める英語授業』，東京書籍
(5) 米山朝二ほか（1992）『すぐに使える英語の言語活動』，大修館書店
(6) 原田昌明（1991）『英語の言語活動 WHAT & HOW』，大修館書店

また，英語教育，応用言語学関係の辞書的なものとしては，次あたりを手元において参考にされるとよいであろう。

(1) 安藤昭一ほか（編）（1991）『英語教育 現代キーワード事典』，増進堂
(2) 白畑知彦ほか（1999）『英語教育用語辞典』，大修館書店
(3) 小池生夫（編）（2003）『応用言語学辞典』，研究社

その他，次のようなものも何冊かは読んでおきたい。

(1) 米山朝二ほか（1996, 2002²）『英語科教育実習ハンドブック』，大修館書店
(2) 長谷川潔・森住　衛（編著）(1987)『英語教育教材事典 楽しく学ぶ英語の教材』（『英語教育』別冊・2, Vol.36, No.12），大修館書店
(3) 大谷泰照・堀内克明（監修）(2002)『英語百科』，大修館書店
(4) 鷹家秀史・須賀　廣 (1998)『実践コーパス言語学――英語教師のインターネット活用――』，桐原ユニ
(5) 小池生夫（監修），SLA研究会（編）(1994)『第二言語習得研究に基づく最新の英語教育』，大修館書店

なお，ここにはあげていないが，さらに英語教育史，英語教育目的論，英語イデオロギー論，比較文化論，異文化理解，ノンバーバル・コミュニケーション，コミュニケーション論，英語の動機づけ，教員養成のあり方，教科書・教科書検定，入試制度・教育制度などを扱った書物も背景としては必要なのかもしれない。もちろん，中学校・高校の「学習指導要領」(The Course of Study [for Foreign Languages])などにも目を通しておきたい。なお，学習指導要領については書籍版も市販されているが，文部科学省のホームページを見れば入手可能である。しかも，そこでは「英訳版」(English version)も見られて大いに参考になるはずである。

さらに，英語の「豆知識」などに対しては，生徒は意外に関心を示すものである。ちょっとした話題やユーモアを提供するのに，あるいは学習に興味を持たせるのには案外有効であり，もっと利用されてよいのかもしれない。上の(2), (3)などはそのような視点でも利用できよう。それに関するものとしては，ほかに次のようなものが手元にあるので，参考までにあげておこう。

(1) ダグラス・スミス (1994)『英語雑学面白読本』，研究社出版

(2) 井上雍雄（編）(1989)『話題源英語』(上・下巻), 東京法令出版
(3) 岩崎春雄ほか (1988)『現代人のための 英語常識百科』, 研究社出版
(4) 松畑熈一 (1988^2)『英語は楽しく学ばせたい』, 大修館書店
(5) 中村徳次 (1991)『いんぐりっしゅ散歩』, 北星堂書店
(6) 丸山孝男 (2002)『英語ジョークの教科書』, 大修館書店

最後に, 文庫本や新書版, あるいは一般向けの単行本などにもけっこういいものがあるので, その中からごく一部のみをあげておく。価格も手ごろなものがほとんどで, 読みやすい良書が少なくとも数十冊はリストアップできる。

(1) 田中茂範・川出才紀 (1989)『動詞がわかれば英語がわかる』, ジャパンタイムズ
(2) 大西泰斗／ポール・マクベイ (1998)『いつのまにか身につくイメージ英語革命』, 講談社
(3) マーク・ピーターセン (1988)『日本人の英語』, 岩波書店
(4) 小島義郎 (1996)『コミュニケーションの英語』, 岩波書店
(5) 池上嘉彦 (1991)『〈英文法〉を考える──〈文法〉と〈コミュニケーション〉の間──』, 筑摩書房
(6) 中川信雄（編著）(1996)『英文法がわからない!?』, 研究社出版

4. むすび

以上, 筆者なりの立場から英語教師にとって有益な情報を得られると思われる文献をあげ, 部分的に所見を記してみた。もちろん, ほかにも無数と言ってよいほどの英語関係の書物が出版されているので, ここにあげていないものでも, 各自の研究の立場, 興味, 関心, レベル等によってさらに重要度の高いものがいくらもあることは言うまでもない。

英語研究であろうと, 語法・文法研究であろうと, あるいは教材研究・

題材研究であろうと,教師にとって最先端の最新情報は必ずしも必要ではないが,ある程度のことは自己研修によって各自が身に付けておく必要があろう。

最近,英語教育についてよく思うことの1つは,流行に振り回されるのではなく,基本に返って,「英語そのもの」の研究とその知識・技能の蓄積がもっと必要なのではないだろうかということである。そのためには,上に述べたような良書をよく読むことをお勧めする。あるいは少なくとも,どこにどのような情報があるのかを知っておくことが望ましい。そして,英語教師としてのいわば「自己教育力」をつけておく必要がある。

最後に,学生の卒論指導の際などに筆者がよく言っていることがある。それは「本代を惜しむな」ということである。今の学生はあまり本を読まないし,また買わないが,いやしくも論文を書く以上は,少々の無理をしてでも本を買うことが必要である。身銭を切って買えば,読む気も起こるし,そもそも英語の本というのは苦労して読むわけだから,読めば必ず愛着がわいてくるものである。大切なことは,そのような愛着のわくような本をいかに多く作り,それらをいかに「自家薬籠中の物」とするかということである。そして,そのことが実は教師の力量ということと同義であると筆者は考えている。教師にとって本は,なんと言っても最大の「商売道具」なのだから,自己研修の成果をできる限り教室に還元していくためにも,一冊でも多くの良書を自分の本棚に置いてほしいゆえんである。

(小寺茂明)

索引

あ
言い換え　　37
異音　　76
イマージョン教育　　175
意味だけでなく言語形式にも注意を払う指導　　46
意味単位　　37
意味的手がかり　　94
インタラクション　　180
イントネーション　　79
運用能力　　199
英語運用能力　　176
英語音声学　　211
英語学力　　112
英語能力測定テスト　　195
英問英答　　148
遠隔教育　　58
オーラル・インタラクション　　40,217
オーラル・イントロダクション　　38,217
音素　　74
音読（練習）　　37,151

か
外来語　　182
科学的文法　　112
書き取り　　37
学習　　177
学習英文法　　110
学習指導要領　　132,162,218
拡張練習　　43
獲得　　177
学校文法　　110
間接テスト形式　　157
間接発話行為　　96
観点別評価　　162
気づき　　50
旧情報　　123
教具　　184
教室英語　　216
クラス分けテスト　　156
繰り返し　　58
グループ活動　　45
クローズ・テスト　　59,157
グローバル教育　　30
繋辞　　116
形態・統語的手がかり　　93
研究開発校　　188
言語活動　　132
言語材料　　133
言語の意識化　　162
言語の概念・機能シラバス　　45
コア　　17
語彙　　113
語彙範囲　　191
構造言語学　　40
口頭運用能力インタビュー　　156
行動主義心理学　　40

項目分析　169
項目弁別力　158
項目容易度　158
国際語　136
国際通信　65
個別要素テスト形式　157
コミュニケーション活動　217
語用論　94

さ
自己研修・自己研鑽　201
実施可能性　155
実践共同体への正当的周辺参加　29
児童英語教育　173
字幕　59
重大利害　156
集団基準準拠評価　159
授業案　139
熟達度テスト　156
主語領域　125
主題　123
主題の連続性　124
情意フィルター　47
小テスト　148
情報格差活動　45
情報の原理　124
書写　182
シラバス　45
自律学習　59
新情報　123
診断テスト　156
信頼性　155

スキミング　102
スキャニング　104
スパイラル　45
正確さ　45
正規分布　159
正統的周辺参加学習　60
生徒指導要録　162
折衷的教授法　35
説明責任　154
選択　43
総括的　163
想起　65
早期英語教育　173
操作詞　125
測定　154
速読　59
素点　157

た
代入練習　42
妥当性　155
談話標識　105
長期記憶　64
調査書　163
直接テスト形式　156
通知　154
通知表　163
テスト項目　158
転換練習　42
統合的テスト形式　157
到達度テスト　155
土着化　15

な
内申書　163
能力別編成　161

は
バイリンガル　178
波及効果　154,168
発音記号　79
早口ことば　186
パラグラフ・ライティング　138
パラメター　157
反復　41
評価　152,154,190
評言　162
標準得点　168
標準偏差　157
評定　154
フィード・バック　163
フォニックス　80,187
フレーズ・リーディング　37
分割点　160
文化の意識化　162
文型練習　40
文法・構造シラバス　45
ペア活動　45
平均　157
変換　42
偏差値　157
変種　16
ポートフォリオ　168
母語　136
本物の英語　200

ま
未来時表現　119

ま
メディアリテラシー教育　29
面談　163
目的語領域　125
目標基準準拠評価　159
模倣　41
模倣記憶練習　41
問題解決活動　45

や
役割練習　45
容認発音　77
余剰性　94
4技能　56,132,199

ら
ライム　186
リズム　78
流暢さ　45,195

欧文
ALT（assistant language teacher）　72,150,174,175
EIL（English as an International Language）　11
JTE（Japanese teacher of English）　150
KR（knowledge of results）　64
SELHi（Super English Language High School）　150
TT（team teaching）　150
WE（World Englishes）　11

[編著者略歴]

小寺 茂明（こてら・しげあき）
大阪教育大学大学院修士課程（英語教育専攻）修了［1974年3月］。
大阪府立高校教諭，島根大学助手・講師，大阪教育大学助教授を経て，現在，大阪教育大学教授（英語学担当）。専門は現代英語の語法・文法研究および教師のための学習英文法研究。
主な著書に『英語教育と英語学研究』（山口書店），『日英語の対比で教える英作文』（大修館書店），『英語指導と文法研究』（大修館書店）などがある。

吉田 晴世（よしだ・はるよ）
米国カンザス大学大学院（英語教育学）修了。摂南大学助教授などを経て，現在，大阪教育大学教授（英語科教育学担当）。専門は英語教育学（e-learning，語彙学習）。
主な著書に『認知的アプローチによる外国語教育』（分担執筆：松柏社），『英語リーディングの認知メカニズム』（分担執筆：くろしお出版），『はじめてのCAI』（分担執筆：山口書店）などがある。

英語教育の基礎知識──教科教育法の理論と実践
ⓒKotera Shigeaki, 2005　　NDC375　224p　21cm

初版第1刷──2005年3月15日

編著者──	小寺茂明・吉田晴世
発行者──	鈴木一行
発行所──	株式会社大修館書店

〒101-8466 東京都千代田区神田錦町3-24
電話(03)3295-6231(販売部)03-3294-2357(編集部)
振替00190-7-40504
［出版情報］http://www.taishukan.co.jp

装丁者──下川雅敏／イラスト・おおのミツヒサ
印刷所──広研印刷
製本所──関山製本社

ISBN 4-469-24500-3　　Printed in Japan

Ⓡ本書の全部または一部を無断で複写複製（コピー）することは，著作権法上での例外を除き禁じられています。